安東尼・路易斯——著

ANTHONY LEWIS

譯——林凱雄

異見的自由

FREEDOM for the Thought That We Hate

A Biography of the First Amendment

美國憲法增修條文第一條與言論自由的保障

名家推薦

朱家安（哲學作家）：

「十八世紀末，美國通過憲法增修條文第一條，然而隨後每五十年，美國言論自由的實際保障範圍都不同。這些差異並不是政府武斷為之，而是大法官以增修條文為基礎，符應當下思想去思考和辯論的結果。《異見的自由》記錄美國言論自由兩百年來的辯論和變遷，理解美國的過去，我們能更明智決定臺灣的未來。」

何榮幸（《報導者》創辦人暨執行長）：

「美國憲法增修條文第一條雖然早在一七九一年就已通過，但直到超過一個世紀之後的一九六四年，美國法院才確立了人民不會因為批評政府而入罪的原則。本書深刻描繪了美國歷代法官的精彩思辨，多元見解的碰撞與激盪令人仰慕折服。本書更告訴我們，美國憲法增修條文第一條之所以成為全球言論自由標竿，不在於憲法條文寫了什麼，而在於媒體、公民、法官在具體實踐上做了什麼。唯有秉持公眾利益持續爭取，在關鍵時刻發揮勇氣堅守核心價值，言論自由才會在生活中真正落實。」

胡元輝（中正大學傳播學系教授）：

「對於台灣人民而言，言論自由曾經如同天邊彩霞，遙不可及，無從享有。如今，言論自由已是眼前花紅，伸手可及，無所驚豔。但，花簇可凋，嫣紅可萎，眼前美景仍有可能淪為天邊幻影，人間並無唾手可得的天堂。『在歷史的長河中，個人都在不斷抵抗壓迫、力求表達自我。』《異見的自由》這本書讓我們重新省思言論自由並非理所當然，亦非天經地義。若無勇氣捍衛，自由終將淪喪；若無創意磨礪，自由終將遠去。」

本書獻給瑪姬
她使一切成為可能

目錄

推薦序（一）

從《異見的自由》看美國言論自由的討論及台灣當下防衛性民主的課題

尤美女（律師、前立法委員）
陳思穎（境外勢力影響透明法草案起草人之一）

言論自由不是從天上掉下來的；在台灣，一九八九年鄭南榕先生以犧牲自己的生命表達對百分之百言論自由的追求，促成了更多人加入推動相關的改革，終使政府廢除《動員戡亂時期臨時條款》、制定《中華民國憲法增修條文》以及全面國會改選。到了一九八二年立法院才修正刑法第一百條，讓海外政治犯黑名單人士可以回台、加以保障言論自由。這樣的成果，是諸多民主運動前輩們歷經漫長的戒嚴時期以生命和青春歲月為代價所爭取來的，今日台灣才能成為亞洲言論最自由的國家，也是台灣人民最引以為傲的。

何謂「言論自由」，在本書《異見的自由》有許多深刻和具脈絡的討論。書中回溯了美國「憲法增修條文第一條」至今對於言論自由的定義、言論自由的界線、和其他權利與罪行之間的關係。一七九一年入憲的增修條文第一條「國會不得制訂法律……剝奪人民言論自由或出版及新聞自由」，並不代表美國就此不再有言論自由受到限縮的問題；相反地，從入憲到現在兩百多年的時間，美國出現了許多對於言論自由限制的規定，甚至以當今觀點會認為不可思議的也不在少數，包括批評總統會面臨二十年刑責的誹謗政府罪。

另一方面，美國持續針對言論自由的界線做出相關憲法解釋，在政治性言論自由的部分，除了上述早已成為歷史灰燼的誹謗政府罪，還包括選舉期間言論自由的討論。為了抑制候選人不斷創下新高的選舉經費，避免選舉成為資金不對等的競爭，七〇年代美國曾經立法限制個人捐贈候選人政治獻金的額度，以及候選人選舉開銷金額。爾後最高法院認定對政治獻金設限合憲，但對政治開支設限違憲；因為法官認為政治開支便是一種言論自由的形式，而這樣的見解也通過了大法官的檢驗。

上述政治獻金是否得以認定為言論自由，仍僅限於本國人介入政治獻金的討論。有關外國人得否捐贈美國選舉活動的政治獻金，美國聯邦法律已認為可以禁止，也受到聯邦最高法院的肯認；其主筆法官寫道：「政府可以將外國人民排除於『與民主自治的過程密切相關』的活動之外……，如同最高法院先前寫到，『國家自古以來排除外國人參與其民主政治制度的權能，是主權的義務之一部分，以維繫一個政治共同體的理念。』……換言之，政府可以將『參與本國政治制度』保留給這個國家的公民。」

相較之下，我們對於政治性言論自由的討論就沒這麼多元和悠久了。尤其在台灣位處中共假訊息攻擊的第一戰線，他們所看上的背景條件即是台灣保障言論自由的體制和民情，如何建立我們的「防衛性民主」機制，不讓中共藉由台灣的言論自由反而輸入其威權統治，是現在政府機關和立法者必須嚴正面對的難題。

過去我國《人民團體法》第二條（現在已經刪除）規定「人民團體之組織與活動，

不得主張共產主義，或主張分裂國土」、第五十三條前段（現在已經刪除）規定「申請設立之人民團體有違反第二條之規定者，不予許可」。受到大法官釋字六四四號宣告違憲。該大法官解釋認為這兩條文僅是在設立人民團體一開始主張共產主義或分裂國土就不予許可，是違反言論自由的。亦即人民團體之目的與活動，須要達到有事實足認已對國家之存在或自由民主憲政秩序造成明顯而立刻危險之地步，才能廢止許可，方能保障人民之言論與結社自由；不過如果只是對這些言論表達的時間、地點或方法設下合理限制，依然是有言論自由的保障。

但是對於如何建立完善的民主防衛機制，同時保障台灣的言論自由並防堵中共的威權輸入，至今我們的法律和政策依然有許多需要補強之處。這也是我在立法委員任期結束前，和王定宇委員、台灣基進黨等共同推動《境外勢力影響透明法》草案的原因。這部立法並非限制包括境外勢力介入我國政治的基本言論自由，而是藉由這樣的設計，希望透明化境外勢力介入的政治活動，除了保障民眾的知情權，也期能經由資訊揭露與透明化、採事前預防、事後懲處，達到停止這些意圖侵害我國民主制度運作的行為；如境外勢力介入的行為更侵犯到我們核心民主運作時，必須更嚴謹地檢視這些行為的形式並禁止之。很可惜這部法案在我的任期內並沒有成果，也期待現在的政府和國會能有相關的強化防衛性民主的討論，讓我們的政治性言論自由得以在適當的體制和法規下受到保障，又同時可以防堵中共威權對於台灣民主的覬覦。

可見言論自由與國家安全之間的糾葛並非輕易可解，面對民主自由可能被用來破壞民主自由的顧慮，美國兩百年來對言論自由的反覆論辯，也許可以給我們一些啟發。

推薦序（二）

他山之石，可以攻玉——讀《異見的自由》

杭之（資深政論家、《美麗島雜誌》主編、前國安會副秘書長）

一

上個世紀七〇年代，在這塊土地上開始出現政治自由化的氛圍。漫長的冬天就要過去，春天就要來臨。一九七八年底，美麗島事件前一年，美國與台灣斷交，蔣經國下令中止正在進行的選舉，政治氣氛詭譎不安。隔年春，我和周渝、賀端藩向康寧祥主持的「八十年代出版社」提議編《自由中國選集》，把五〇年代台灣民主運動史上最重要的陣地《自由中國》雜誌中的政論，分類選編出版，以強化相關論述。當時，二十年前《自由中國》批判、挑戰國民黨專制統治的許多問題，仍然還是現實政治上最大的糾結。我們選了四個當時亟待解決的問題：「地方自治與選舉」、「司法獨立」、「言論自由」和「反對黨問題」。

在《言論自由》一書的「編者的話」中，我像認真的學生記誦著近代西方哲人的話語，寫道：「何謂言論自由？言論自由意指任何人可以說出、寫出或印出自己心中所想的」；「如果人民不能經由說服或認識的進步而改變其意見，那麼，以『多數決定』為精神的民主政制將無價值可言。說服或認識的進步即意味著討論的重要。因此，言論自由、討論自由與民主政制密切不可分，沒有言論自由、討論自由，我們無法想像民主政制如何建立」。

在當時，這些當然只能是「期望話語」，沒有多少現實的著落點，頂多是對蔣家獨裁政權進行言論挑戰時的價值性支撐。中國的傳統政治文化中，上述意義的「言論自由」是不存在的。在前現代的皇權社會中，固然有所謂「士人清議」的傳統、有察納雅言的「美好傳說」，然而，一直到明末清初黃宗羲著《明夷待防錄》（這書跟下文提到的彌爾頓《論出版自由》性質類似，大致是政論性的說帖，前者比後者晚十八年），一代儒者悲願，倡言三代聖王「治天下之具，皆出於學校」；「天子不敢自為非是，而公其非是於學校」。也就是強調「輿論」的重要。然而，「三代以下，天下之是非一出於朝廷。天子榮之，則羣趨以為是；天子辱之，則羣擿以為非。」也就是現實的歷史是一言堂。縱使有「東漢太學三萬人，危言深論…」，也是極少數。換言之，所謂「清議」、「公其非是」之類的「三代遺風」，往往只是說說的「期望話語」罷了，現實上大多不是那麼回事。儒家的政治理想至此而窮。

有清一代，文字獄酷烈，當然談不上言論自由。及至清季，西力東漸，國勢陵夷，魏源、馮桂芬、康梁、嚴復、孫文等倡洋務西學，乃至維新革命之論，主張廣開言路、行民主之政。然而，戊戌之變後，西太后下旨，謂「莠言亂政，最為生民之害，前經降旨將官報局時務報一律停止。近聞天津、上海…仍復報館林立，肆口逞說…。著各該督撫飭屬認真查禁，…從嚴懲辦，以息邪說，而靖人心。」傳統意義的言路都無路，遑論現代意義的言論自由！

民國肇建，這種情況沒有大改變。在有言論自由的法治國家，是沒有所謂出版執照的，出版自由不過是將「凡人除確已證明違法外不受刑罰」這一法治原則應用於出版事業。因此，另立《出版法》以限制言論自由，是畫蛇添足。北伐後，高舉國民革命大旗的國民政府，基本上仍禁錮言路，於一九三〇年頒布《出版法》，其後又幾度修正，在重要關鍵上，仍沿襲過去之精神，其脈絡直如繼承西太后「從嚴懲辦，以息邪說，而靖人心」之論，對書報雜誌等出版物之管制、新聞檢查等，異常嚴酷、苛刻。一九四五年國民黨政權接收台灣後，在中國大陸那一套羅網深密的法令規章、管制措施也都漸次移植到台灣。

二

一九四九年，蔣介石在內戰中敗退來台，風雨飄搖。為鞏固其統治，發布戒嚴令。次年韓戰爆發，東西陣營對峙之局初定，蔣政權獲得喘息機遇，遂在台灣開始建構以軍事戒嚴為基礎的「黨國體制」。在此體制下，出版自由、新聞自由等被層層剝奪，飽受壓制，「異見」幾無容身之處。

一九五二年，蔣政權第四度修訂此前的《出版法》，並以行政命令頒布逾越母法的《出版法施行細則》，肆無忌憚砍殺言論出版自由。其中最關鍵的是政府可以禁止人民辦新雜誌和新報紙，「報禁」由此而來；其次是行政官署得兼操司法權，「查禁」不滿意的雜誌報紙，將之封閉一年、甚至更久。這一行政官署得以對報章雜誌「封門」的「行政命令」，更在一九五八年第五度修訂《出版法》時，被賦予法律地位。對比美國憲法「增修條文第一條」明白規定「國會不得制訂法律⋯剝奪人民言論自由或出版及新聞自由⋯⋯」，兩者之立法精神不可以道里計，簡直是背道而馳。

《出版法》是蔣政權在台灣管制言論出版自由最重要的法律，在其周邊攀爬著許多葛藤，織成深密之管制羅網。國史館前幾年編了一部《戰後台灣民主運動史料彙編》十二大冊，其中有關「言論自由」四冊、「新聞自由」兩冊，六巨冊篇幅近五千頁。內容主要是各類政府公文書，以及當時報章之相關報導。絕大部分是要禁哪一本書、要管制什麼等的法規、政策、行政措施。

如果去看這些管制的具體內容，從一些細微的地方，可以感受到當時黨國體制羅網之深密、之無所不管。那些汗牛充棟之公文書，記錄成批成批查禁的書、歌曲，要求下屬執行單位取締封存禁閱。其中有趣的情形不少，如省警務處奉保安司令部令，要各地警察局取締文具店出售之有彩色的孫中山遺像及蔣介石肖像，因國防部曾下令，各機關懸掛之遺像、肖像，應「一律為黑灰色照片，以資劃一」，所以有彩色的違反規定。

省教育廳在一九五一年有一則「代電」，指正中書局出版之高中英語第五冊第四課「應予停授」。原因是該課文「作者宋慶齡已附匪，且課文內容有反動言論」，所以要求書局重編送審，各校對該課文應停授。有意思的是，正中書局是國民黨黨營事業，宋慶齡是孫中山夫人、蔣宋美齡之姊（也就是蔣介石之大姨子），因政治認同傾向北京，所以她寫的要禁掉。真是「大義滅親」。類似的，有更多人只因留在大陸（不管什麼原因）就都是「附匪」，著譯作品不管內容是什麼，通通查禁。瀏覽一件又一件之查禁命令，怵目驚心，有如古時之焚書。

除了構築上述制度面的管制網之外，思想檢查則是另一面。從接收台灣之初要消弭台人「在文化思想上，中敵（日）人遺毒甚深」，到全面敗退後要「實施反共教育，肅清反動思想之傳播」，不僅大規模查緝圖書，相關言論也受到放大般的檢查。這裡舉一典型的例子。《自由中國》本來是要結合自由知識分子，建立「對抗共黨勢力」之思想與政治的陣地，來對抗共產中國，因而也受到蔣的支持。但隨著蔣政權在韓戰後穩固下來，《自由中國》提倡的自由、民主，變成了不協和音。兩者的關係發生了變化。

一九五一年，《自由中國》刊登一篇社論〈政府不可誘民入罪〉，針對彭孟緝的保安司令部一些作為提出批評，指「政府有計畫而大規模的誘人入罪，至少是政府中某機關辦事人員誘人入罪」，目的是高額查緝獎金。文章刊出後壓力紛至沓來，保安司令部更準備抓人，但因當時是省主席吳國楨兼任司令，退回公文而使事情沒有惡化，但《自由中國》也被迫於次期刊出一篇社論加以「申述、解釋」。過了兩個月，在美國的胡適為了抗議軍事機關干涉言論自由，辭去發行人之職，並在公開刊登於雜誌的信上說：「我因此細想，《自由中國》不能有言論自由，不能用負責的態度批評實際政治，這是台灣政治的最大恥辱。」這是《自由中國》與權力當局摩擦加大的開始。

這例子是一個切片，反映當時時局的病理。一方面，以《自由中國》為中心的知識分子希望能以法治、自由、民主的原則，進行政治改革；另一方面，蔣家藉黨改造的名義，以軍特戒嚴之手段，把權力集中到蔣家，樹立以軍事威權統治為內涵的黨國體制。這兩條路線在不斷摩擦後，逐漸對立，最後鎮壓，雜誌停刊、雷震等人入獄。

一九六〇年「雷震案」發生後，《自由中國》停刊，次年，李萬居主導之《公論報》在橫受打壓、奪賣之下被迫停刊。台灣的言論出版自由進入低谷期。

三

接下來的六〇年代是一個沉寂過渡的年代。《自由中國》及《公論報》這兩個代表性的言論陣地被摧毀後，台灣社會的言論、特別是政治言論基本上趨於沉寂。這階段的代表性言論陣地是《文星》。創刊於一九五七年的《文星》，原來的編輯方針是「文學的、藝術的、生活的」，兩年後改為「思想的、生活的、藝術的」，有一點想要疏離於現實政治的意味。但就如上面提到之史料所反映出來的，這是一個思想禁錮的時代，主調是「肅清反動思想之傳播」，所以你要碰觸「思想的」，那就會跟體制周密完備之「思想檢察控制機制」有緊張關係。果然，從一九六一年爆發「中西文化論戰」，到第二年李敖接掌編務，《文星》的編輯方向更加注重「思想性」與批判性，激發為期不長的言論活躍期，但跟「思想檢察機制」的緊張也更加繃緊。到了一九六五年底，《文星》也被查禁了。

接著這段沉寂過渡的年代，七〇年代可說是一個驚蟄競飛的年代。思想言論、社會政治各方面都好像冬天要過了，蟲兒要甦醒了。這主要是跟外在環境的變化有關。美、中各自為了對付蘇聯，開始有限度的戰略合作，結果是美國的對華政策改採「接觸政策」，聯合國二七五八號決議排蔣納中、尼克森訪中……，台灣出現重大外交危機。外交危機加上內部發展的問題，使過去被壓下來的，一些跟台灣這塊土地相關連的意識浮上來。

一個比過去都更蓬勃的言論活躍期出現了。

從七〇年代一開始，伴隨著保釣運動、二七五八號決議等內外挑戰，台大校園的言論蓬勃發展，學生刊物百花齊放，《大學新聞》《法言》《大學論壇》⋯，「言論自由在台大」、「民族主義座談會」、「中央民代應否全面改選」⋯挑動當時權力當局的敏感神經；連結到校園外，關聯著蔣經國全面接班，《大學》雜誌儼然是當時標誌性的言論陣地，「國是諍言」、「國是九論」、「台灣社會力分析」⋯，《自由中國》之後較少見的長篇大論一篇一篇推出，國會全面改選、開放黨禁、開放學生運動、思想文化的控制等當時還很敏感的議題都被拿到檯面上討論。

一九七二年，蔣經國全面接班，關連著這一權力轉移，由《大學雜誌》主導之青年政治改革運動，在完成其階段性的歷史任務後，編輯部改組，蓬勃的言論生機不再。此時，成員分流，或進入權力體制，或回到校園，部分則結合地方政治反對勢力，開啟言論市場、民主發展的另一個階段。

一九七五年，《台灣政論》的創刊就是這個標誌。在此之前，像《大學雜誌》這樣的輿論，更多是書生論政。但在黨國體制嚴厲的控制下，這往往空留紙上聲。《台灣政論》則不同，它不只是輿論平台，同時也是參與政治、傳播政論、拓展政治實力的平台、基地。《台灣政論》以後，歷經《夏潮》、《八十年代》、《美麗島》，到美麗島大鎮壓後黨外雜誌全數被掃除，有如寒冷的冬天。接著是，在內外政治形勢變化下，國民黨不得不恢復中斷的選舉，再允許黨外雜誌登記，結果，受難家屬紛紛高票當選，黨外雜誌如雨後春筍出現，《八十年代》、《蓬萊島》、《深耕》、《前進》、《自由時代》、《新潮流》等等，屢仆屢起，每一種雜誌被查禁就立刻有備胎上場，而且還密集的以週刊發行。總計從一九八〇年到一九八六年突破黨禁，民進黨成立前後，至少有一千餘期的黨外雜誌發行，平均每兩天有一本黨外雜誌被查扣。

在這種與警總進行壓制與抗爭的角力抗爭中，要求解除戒嚴、平反二二八、獨立建國、爭取百分之百的言論自由等禁忌議題，浮現成為抗爭主題。雖然一九八七年七月解除了長達三十八年的戒嚴，廢除了警總得以控制言論出版的「戒嚴時期出版物管制辦法」，言論出版自由拓開一個實踐的場域。次年，報禁解除。然而，《懲治叛亂條例》、《刑法一百條》等都還存在，一般人仍可能因「意圖」而被控叛亂之罪，言論自由仍受極大威脅。一九八九年，鄭南榕因在雜誌刊登《台灣共和國新憲法草案》，被控「涉嫌叛亂」，在一次追捕行動中，在雜誌社的編輯室自焚而犧牲。這是台灣言論自由黎明前夕的悲劇。

一九九一年，《懲治叛亂條例》廢止，次年，《刑法一百條》修正，言論叛亂入罪的恐怖之門才算基本關上了。至此，「言論自由」等已不再只是「期望話語」了，而是可以正常的在現實實踐中去討論其內涵的基本價值。

四

經過幾代人的努力，「言論自由」、「出版自由」、「思想自由」這些概念已經成為現代國家的基本價值。一六四四年，在東方大地上，清兵這年入關，建立文字獄酷烈的大清帝國。同一年，英國大文豪、自由思想家彌爾頓（John Milton）在其《論出版自由》中明確指出，說出自己心中所想的，並根據良心做自由的討論，這是一切自由中最重要的自由。他並主張讓一切思想都公開地表達出來，真理會在思想的自由市場上擊敗謬誤。兩百年後，約翰．密爾（John S. Mill）在《論自由》一書中進一步發展了這些思想。

密爾摘引了他同時代德國自由思想家威廉．馮．洪堡（Wilhelm von Humboldt）《論國家行動之限度》書中的一句話，作為《論自由》一書的題詞。洪堡在那句被摘引的話中清楚指出「豐富的多樣性發展」有著絕對而根本的重要性。後來的許多討論也都在訴說著這個道理：能自由地思想、自由地討論，「豐富的多樣性發展」才有施展的可能，同時透過自由的討論形成負責任的公共討論，並為民主的政制定下基本守則。

日本戰後一位政治思想家丸山真男，曾在他一本著作中說：「歐洲政治學概論表面上看起來很抽象的記述，其背後實有所謂亙數百年來歐洲政治史的脈絡；即使只是一個命題，大都是在經過現實的行動之中鍛鍊成的。」我在看很多大觀念時往往會想到這句話。「言論自由」這個概念就是。

曾獲得兩屆普立茲獎的美國資深司法記者與公共知識分子安東尼．路易斯（Anthony Lewis）所著的《異見的自由：美國憲法增修條文第一條與言論自由的保障》一書，是一本值得向關心這個議題的讀者推薦的書。美國憲法增修條文第一條關於言論自由的規定很簡短，只有十四個英文單詞：Congress shall make no law …… abridging the freedom of speech, or of the press ……（「國會不得制訂法律……剝奪人民言論自由或出版及新聞自由。」）。這樣簡短的字句，究竟要怎樣撐起一座作者自豪的美廈：「美國人思其所欲、言其所思的自由，比別國人民都寬廣，在今日又比過去更自由」？

很顯然，丸山真男的體會用在這裡就很真切了，簡單、抽象的「言論自由」、「出版自由」背後是有著貫穿美國兩百多年政治史的歷史脈絡，從極度高壓的法律與政治過往，發展成言論自由與新聞自由的堅定不移。安東尼・路易斯的詮釋就從政府對言論自由的壓制開始，這時距增修條文第一條通過僅僅七年（一七九一）。他形容這是一則說不盡的故事，至今方興未艾。「增修條文第一條向法官與我們旁人拋出許多深刻的問題。我們究竟希望社會不受管控到什麼程度？自由與秩序之間的界線該如何劃定？『不得制訂法律』限縮言論與新聞自由的要求，真的是絕對的嗎？」（出自本書〈序言〉）他讓我們看到美國一代一代的記者、作家、公民勇於挑戰主流權威，讓我們看到勇於任事而又有著創見的法官如何詮釋、運用增修條文第一條造就今日美國這個自由非凡的國家，而且這種對美國立國基本大法不斷的詮釋，還一直沒有停止。

「他山之石，可以攻玉」。從安東尼．路易斯所描繪的畫卷中，我們可以看到，法律人在保障言論自由、推進言論自由的鬥爭中，起了巨大而積極的作用。由此我們可以回過頭來再看看我們的言論自由。從前文簡單的回顧中，我們看到，在我們的文化傳統中，對言論自由的保障，不管歷史或論述基礎都還很短淺。當彌爾頓出版其推進言論出版史上里程碑式的《論出版自由》時，我們的大儒還只能「明夷待訪」，酷烈的文字大獄還有好幾次，甚至到今天都還未絕跡。即便進入民國，我們很多的法，基本上不是在保護言論自由、出版自由，而是在壓制這些自由。今天我們能有這些自由，很大一部分是結合政治、社會運動衝撞出來的。以早期《自由中國》來說，十一年二十三卷共二六〇期，幾乎就是在槍口下向獨裁軍事政權爭取言論自由的長卷。相對而言，在我們歷史經驗中，比較少像安東尼．路易斯所描述的，無畏的法官用勇氣與智慧打造增修條文第一條的事蹟，這很不一樣。這裡舉一個例子做反省之資。

一九九一年五月一日宣告動員戡亂時期終止前，台灣可說是「動員戡亂法制」，《動員戡亂時期臨時條款》凌駕憲法。從一九四九年大法官會議做出第一號解釋，到動戡終止，四十二年間大法官做了兩百七十七件「憲法解釋」。我瀏覽一下，大概有六件跟言論出版自由比較相關，其中三件是在解釋特定官員能不能兼任新聞雜誌職務之類。比較重要的一件是一九六四年第一〇五號解釋，在解釋《出版法》賦予停刊、吊照之權給官署，是否合憲。在一九五八年《出版法》修法時，這項原來規定在「施行細則」中，被認違背母法且殘害出版自由極大的規定被賦予法律地位。當時，海內外輿論一致斥責，認為已身受重創的言論新聞自由，正式宣告死亡。六年後，當時大法官的解釋是「尚難認為違憲」。

另兩件是地方議會言論免責保障問題。當時的背景是，《自由中國》及《公論報》在六〇年代初被撲殺後，殘存的台籍地方反對派爭取在僅存的地方議會中有一線言論通風孔，但大法官的解釋沒有給這空間。

簡單來看動員戡亂時期四十餘年間，大法官會議在不多的解釋案中，有關言論自由的部分，更多是在運用憲法第二十三條所謂「所必要者」以達到管制目的，而幾乎不曾創造性拓展憲法第十一條的空間。像路易斯所描述的對「增修條文第一條」的創造性詮釋，幾如天方夜譚。那個時空下，黨國體制基本上是一體的。

這種情況到了終止動員戡亂之後，情況好像有了一些變化。終止動戡迄今二十九年，大法官又解釋了五百一十五件，跟這個主題有關的，儘管比起本書所描繪的長卷，在數量上或品質上都還有相當的落差，但比之動戡時期，數量與內容上總算比較豐富多樣了。很清楚的，一個掙脫了黨國體制、正在茁壯成長的自由公民社會中，過去被禁錮的許多深刻問題有機會成長了。

回顧東方世界之言論自由、出版自由、思想自由的艱辛歷程與困頓前景，閱讀路易斯這本篇幅不大，但內容極豐富之「增修條文第一條簡史」，給我們相當大的啟發。他書中的一段話，對我們既是鼓舞，也是惕勵：

法官要兑現增修條文第一條許下的基本承諾，也就是讓美國成為享有言論與新聞自由的國家，也需要時間。時間、創造力與勇氣，缺一不可。怯於任事又缺乏創見的法官，無能造就今日美國這個自由非凡的國家。（出自本書〈序言〉）

推薦序（三）

現代法律新聞報導的開創者

林子儀（前大法官、中研院法律所兼任研究員）

如本書作者在序言所言，美國人民享有的言論自由，不論在言論類型或保障的程度方面，比世界其他國家人民所享有的，都要寬廣與深入。何以如此？這就是本書作者要經由本書，以美國言論自由與出版及新聞自由的發展簡史，告訴我們他的答案。

本書作者是曾獲得兩次普立茲獎的安東尼・路易斯（1927-2013）。路易斯是一名具有傳奇性的專業新聞工作者。他在一九四八年自哈佛大學畢業後，曾在《紐約時報》擔任一般編輯工作。一九五二年為民主黨全國委員會服務，參與當時競選總統候選人史蒂文生（Adlai Stevenson）的競選工作。後轉到《華盛頓日報》（*Washington Daily News*）

工作。在一九五五年第一次獲得普立茲獎的國內報導獎。他是以在《華盛頓日報》對海軍部以國家安全理由，在一九五三年將沙薩諾夫（Abraham Chasanow）予以停職的六篇系列報導而獲獎。（美國當時正是處於所謂的麥卡錫時代（一九四〇年代晚期到一九五〇年代））。由於他的系列報導，引起輿論對該事件不公不義的關切，最後也導致海軍部對沙薩諾夫的正式道歉，並予復職的補救。

時值《紐約時報》準備設置一位專門負責報導美國最高法院的記者，當時《紐約時報》在華盛頓辦公室的負責人雷斯頓（James Reston）選了路易斯擔任這個新的職位。在正式任職之前，《紐約時報》將路易斯以Nieman學人的名義送到哈佛法學院進修一年（1956-57）。

在哈佛法學院雖然僅是短短的一年，但對他有極大的影響。路易斯曾說在哈佛法學院這一年，讓他對法律大開眼界，也因此比較了解美國的法律與法律制度。此外，因當時的最高法院是由華倫擔任首席大法官，在他領導之下的最高法院於一九五四年宣告種族隔離的國民教育制度違反平等原則，開啟了種族平等以及對憲法基本權利保障漸趨積極的法院態度與立場。因為強調憲法是一部活的憲法，應與時俱進；所以法院對憲法的解釋適用，也應回應這樣的憲法要求（living constitutionalism）。這也引起了法學界對最高法院應扮演如何的角色與應如何解釋憲法，展開了熱烈的辯論；哈佛法學院的憲法學教授，也是這場辯論的其中要角。路易斯在這一年中，因為直接接觸到這場辯論，對於美國憲政制度與實際運作有更深一層的認識，也加強了他對法治與民主憲政的信念。

對於美國法治與民主憲政的信念，以及對於法治實際與司法實務的認識，讓路易斯從一九五七年至一九六四年在擔任《紐約時報》在華盛頓專職報導最高法院與司法部的工作中，展現出其特殊的風格。

他的同儕推崇他能以淺顯易懂的文字，使一般大眾經由他的報導，清楚的了解複雜的司法程序。並且，他所報導的內容，不僅只是發生了什麼事，誰贏了或誰輸了官司；而會更進一步分析說明判決理由的法律意涵。一項判決是繼續以往的規範，維持既有的制度，或是作了修正調整，或是根本的改變與新創？對未來會有什麼影響？讓大眾從當前的政治以及憲政歷史的結構去了解這個判決，並評估這個判決對於奠基於民主法治的美國社會之發展會有如何的影響。因此，從歷史發展脈絡的角度切入，最高法院的判決，不再只是一個爭議雙方當事人輸贏的單一個案而已，而是美國民主憲政持續演變的一環，並與美國社會的發展息息相關。路易斯對最高法院的報導，相當的成功，也具有一定的影響力，不僅開啟了美國現代法律新聞報導（legal journalism）的新頁，也讓他再度獲得普立茲獎的肯定。

我們還可從另一件事，看到路易斯在哈佛法學院進修一年時的研習成效。他於一九五八年在第七十一卷《哈佛法學評論》（*Harvard Law Review*）發表了一篇關於「選區劃分法與聯邦法院（Legislative Apportionment and the Federal Court)」的法律論文。在這篇論文中，路易斯主張最高法院應改變其以往不干預各州選舉劃分法的觀點，應該要受理這類案件，並予以匡正。《哈佛法學評論》是美國法學首屈一指的法學期刊，研究論文能獲刊登，是多少法學者的夢想。一位非法律專業，才在哈佛法學院研習一年的路易斯卻做到了。這一篇論文，與他再獲普立茲獎大有關聯。

路易斯於一九六三年第二次獲得普立茲獎，獲得的獎項與第一次獲獎的相同，也是國內報導獎。得獎的理由是他對於最高法院的報導的表現，特別是對於他的報導促成最高法院於一九六二年作成貝克訴卡爾案（*Baker v. Carr*）判決的貢獻。這個案件所涉及的是田納西州的選區劃分法是否合憲的爭議。最高法院在該案，首先改變了該院先前以此類案件所涉及的是不能由司法審查的政治問題而不受理此類案件的先例。繼而表示類似涉案的田納西州選區劃分法，其選區的劃分必須符合一人一票、票票等值的平等原則。這是一個在當時促成美國各州，必須給予少數種族選民平等的選舉權保障的劃時代重要判決。該案所處理的法律議題，即是路易斯在哈佛法學評論那篇文章所探討的議題。該案判決由布倫南大法官主筆的多數意見，引用了也採取了路易斯那篇文章的觀點。

路易斯於一九六五年離開華盛頓，擔任《紐約時報》在倫敦辦公室的負責人。一九七三年返回美國後，即擔任《紐約時報》專欄作家，直至二〇〇一年於七十四歲時自《紐約時報》退休。在這期間，路易斯同時也長期在哈佛法學院、哥倫比亞大學新聞學院擔任與言論自由及新聞自由有關的課程，並也應邀到加州大學、伊利諾大學、奧勒岡大學及亞利桑那大學擔任客座教授講授相關課程。這麼一位資深的新聞專業工作者，並長期講授言論自由與新聞自由的學者，所撰寫的美國言論自由（包括出版自由及新聞自由）發展簡史，會告訴我們什麼呢？

路易斯在《異見的自由》的前言就很清楚的表示，要了解美國憲法增修條文第一條所規範的意義，應該要結合美國的「歷史、法律與文化」整體分析觀察。因此，雖然他知道在美國憲政制度下，什麼是憲法規範，是以法官在具體個案所闡明為準。憲法增修條文第一條規定的言論自由條款，當然也是如此。本書也以最高法院審理言論自由相關案件，在判決中所闡述的言論自由，作為說明什麼是言論自由實貌的主要基礎。不過，法院的態度或裁判與社會發展相互影響。因此，要認識美國的言論自由，不能只是研究法院相關判決的分析與歸納，而必須同時要有美國社會發展的歷史觀。如此才會注意每個重要的言論自由爭議，是發生在怎樣的一個社會情境，也才能因此了解法院判決對於美國言論自由的發展具有怎樣的影響與意義。

路易斯在本書中，將美國言論自由的發展與美國的處境及社會的變遷結合，而分別就美國在立國初期、第一次世界大戰、第二次世界大戰、冷戰時期、越戰時期、民權運動及後九一一等不同時期，以及其間受到社會主義、共產主義、種族主義、恐怖主義等不同意識型態的挑戰，所發生的一些言論自由爭議，分析說明美國法院及美國社會是如何處理這些議題，而鋪陳出這一段美國言論自由發展史。

除了因為處於特別時期以及因為社會變遷所生的言論自由議題外，路易斯在本書中，也將長期存在於美國社會且具有爭議性的幾個言論自由議題，如侵害隱私、競選經費、公平審判、以及猥　色情言論，納入介紹。他也對這幾個議題，提出他個人的觀點。讓這本書的內容更為豐富，也帶給我們在思考言論自由時的一些挑戰。

書中最具挑戰性的議題，就是有關「仇恨言論」（hate speech）是否受言論自由保障的問題。這也是與本書原文書名有關的議題；路易斯將它作為書中第十章的討論主題。他基本上是採取了美國司法實務的主流觀點，認為仇恨言論，也受言論自由保障。但值得注意的是，在該章的結尾部分，他語帶保留，而提出美國對這議題的觀點，不一定適用於其他社會。甚至在面對恐怖主義鼓吹暴行的言論，是否還要如此容忍，也提出了懷疑。

不同文化背景、歷史發展脈絡，自有其不同的言論自由觀。但對於所以保障言論自由的價值觀以及言論自由基本的原則，是否因此就有不同？在閱讀本書的同時，我們也可想想，如果書中所論及的事件或議題發生在臺灣，我們會如何面對？我們會有怎樣的言論自由觀？

這本書讓我們藉由對美國的言論自由的基本認識與反思，增進我們對言論自由的了解。是想了解與關心言論自由者，應該一讀的好書。

附錄（一）

美國憲法增修條文第一條全文

美國憲法增修條文第一條

國會不得制訂關於下列事項之法律：設立宗教或禁止信教自由；剝奪人民言論自由或出版及新聞自由；剝奪人民和平集會及向政府請願救濟之權利。

英文原文為：

Congress shall make no law respecting an establishment of religion, or prohibiting the free exercise thereof; or abridging the freedom of speech, or of the press; or the right of the people peaceably to assemble, and to petition the Government for a redress of grievances.

附錄（二）

美國聯邦與州法院系統簡介

美國的司法體系分為聯邦與州兩個系統，這成為美國司法最獨特也常令人困惑的制度。在此制度下，各層級的聯邦政府與各州都有自己的法院，有些案件由各州的法院審理，有些案件由聯邦法院審理，也有些案件同時可由兩種法院審理，因此造成緊張與衝突。

聯邦法院系統，除了少數特殊案件外，採三級三審制，由美國最高法院（Supreme Court）、聯邦巡迴上訴法院（United States courts of appeals or circuit courts），與聯邦地方法院（federal district court）構成。在最低的地方層級，全美五十州中有八十九個聯邦地方法院（五十州之外的領地另有五個，共九十四個）。人口較少的州，如內華達、猶他、堪薩斯、亞利桑那，各只有一個地方法院。大的州就比較多，如加州就有四個。地方法院之上有十三個聯邦巡迴上訴法院，每個聯邦巡迴上訴法院涵蓋數州，但範圍大小不一。譬如說，聯邦第九巡迴上訴法院轄下就涵蓋加利福尼亞、華盛頓、奧勒岡、亞利桑那、內華達、愛達荷、蒙大拿等整個太平洋沿岸與中西部人口較少的州。相比之下，本書多次提到的聯邦第二巡迴上訴法院涵蓋面積雖小，但因為轄下有紐約，地位特別重要。同樣重要的還有哥倫比亞特區聯邦巡迴上訴法院。

另一方面，各州亦有自己的法院系統。美國於一七七六年以「北美十三州」（the thirteen united States of America）之名義獨立，而在一七八七年制訂憲法之前，作為主權實體的各州也已經有了自己的憲法。因此，各州之個的司法系統有相當大的自主性與差異。就法院組織而言，沒有兩個州是完全相同的。各州可自由採行屬意的任何組織結構、設置的法院數量、隨意決定法院名稱。此外，州的法院層級也不完全等同聯邦明確的三級三審級制。例如，在聯邦系統中，地方法院是初審法院，上訴法院則稱為巡迴法院，但卻有超過十二州的巡迴法院是初審法院。在其他一些州，最高法院是指主要的初審法院。譬如本書第五章會提到的 New York Supreme Court，雖然名為「紐約州最高法院」，但事實上是紐約州初審法院。（本文參考「美國在台協會」官方網站之〈美國司法體系概述〉。詳見：https://web-archive-2017.ait.org.tw/infousa/zhtw/PUBS/LegalSystem/index.htm」）

附錄（三）

歷任美國最高法院首席大法官年表

屆數	姓名	在位年代	派任總統
1	約翰・傑伊（John Jay）	1789-1795	喬治・華盛頓
2	約翰・拉特利奇（John Rutledge）	1795.08-1795.12	喬治・華盛頓
3	奧利弗・艾斯沃思（Oliver Ellsworth）	1796-1800	喬治・華盛頓
4	約翰・馬歇爾（John Marshall）	1801-1835	約翰・亞當斯
5	羅傑・塔尼（Roger B. Taney）	1836-1864	安德魯・傑克遜
6	薩爾蒙・蔡斯（Salmon P. Chase）	1864-1873	亞伯拉罕・林肯
7	莫里森・魏特（Morrison Waite）	1874-1888	尤里西斯・格蘭特
8	梅維爾・富勒（Melville Fuller）	1888-1910	葛洛佛・克里夫蘭
9	愛德華・懷特（Edward Douglass White）	1910-1921	威廉・霍華德・塔虎脫
10	威廉・霍華德・塔虎脫（William Howard Taft）	1921-1930	華倫・哈定
11	查爾斯・伊凡斯・休斯（Chales Evans Hughes）	1930-1941	赫伯特・胡佛
12	哈倫・斯通（Harlan F. Stone）	1941-1946	佛蘭克林・羅斯福
13	弗雷德・文森（Fred M. Vinson）	1946-1953	哈利・杜魯門
14	厄爾・華倫（Earl Warren）	1953-1969	德懷特・艾森豪
15	華倫・柏格（Warren E. Burger）	1969-1986	理查・尼克森
16	威廉・倫奎斯特（William Rehnquist）	1986-2005	隆納德・雷根
17	約翰・羅伯特（John Roberts）	2005-迄今	喬治・W・布希

序言

我們美國是天底下最直言不諱的社會。美國人思其所欲、言其所思的自由，比別國人民都寬廣，在今日又比過去更自由。我們既能揭發政府機密，也能透露臥房私隱。我們既能譴責我國統治者，也能互相譴責，而不太需要擔憂後果。不論是印刷品、廣播，或是在網路上，法院要阻止任何我們想發表的東西，幾乎毫無可能。各種言論不論是充滿仇恨或驚世駭俗、出於政治或藝術表達，幾乎都能自由地進入意見市場。

其他我們認為與美國相仿的國家，對於能發表的內容有多上許多的限制，英國就是個例子。為什麼我們與眾不同？我們非比尋常的自由從何而來？通常的答案是「憲法增修條文第一條」（the First Amendment）。美國憲法這條增修條文寫道：「國會不得制訂法律……剝奪人民言論自由或出版及新聞自由……」（Congress shall make no law . . .

abridging the freedom of speech, or of the press. . . .）。

不過我們非凡的自由不能說是源於上引寥寥數字本身，因為曾有數十年的時間，這段話並未保護批判政府或政府官員的言論。一七九八年，美國憲法納入增修條文第一條僅僅七年後，國會就通過了一部法律，懲處對總統的不敬評論；數名編輯因為嘲諷約翰・亞當斯總統而入獄。一百年後，在另一部國會法律規定下，有人因為批評伍德羅・威爾遜總統的政策決定被判二十年監禁。

現今美國的每一位總統都是被批評譏諷的對象。而即使是最刻薄的批評，我們都無法想像批評者會因此入獄。如果有人因此而被起訴，法院也會以違反增修條文第一條為由拒絕審理。所以說，關於這段言論與新聞自由的條款，有些改變發生了，它的意義已不同以往。更精確地說，是大家對這段文字的認知有所改變，不論法官或公眾皆然。

這麼說是要開一扇門，邀人來欣賞一個不可思議又意義非凡的過程：對於我們立國基本大法的詮釋，一直在不斷變動。前首席大法官查爾斯・伊凡斯・休斯（Charles Evans Hughes）曾說：「我國依憲法治國，不過憲法是什麼，由法官說了算。」[1]這在今日聽來，可能像是在諷刺右翼評論家所謂的「司法積極主義」（judicial activism）*。不過休斯說這話的時間是一九〇七年，三年後他首度被任命為最高法院大法官，而他自認當時說出的是再自然不過的道理。有人得負責解讀我國於十八世紀制訂的憲法與其增修條文，而在我們已然建立的體系之下，這是法院的職責。

法官不是在與世隔絕的狀態下從事審判，他們會受他們所處社會氛圍之影響，反過頭來，社會也可能受法院判決的影響。所以說，在界定什麼是憲法規範的過程中，歷史、法律與文化都發揮了作用。

* 編註：司法積極主義是一種司法哲學，它主張法院在做審判時不應該只考量憲法與法律的條文字句，同時還應思考會帶來的更廣泛的社會影響。一九四七年一月，小亞瑟・史萊辛格（Arthur Schlesinger Jr.）首次在一篇名為〈一九四七年：最高法院〉（The Supreme Court: 1947）的文章中提到司法積極主義一詞。我國大法官、現任司法院長許宗力曾在〈大法官的司法積極主義如何形塑臺灣的自由民主憲政秩序〉一文指出，司法積極主義「指憲法法院對其他政治部門的決定，並非尊重、順服，而是採取積極介入的態度，因此也往往採取較嚴格的審查標準」，並認為歷屆大法官適時地展現司法積極主義，有助於確立、捍衛我國的自由民主憲政。

查爾斯．伊凡斯．休斯於 1910 年由塔虎脱總統任命為最高法院大法官，但在 1916 年，他接受共和黨提名參選總統，於是辭去大法官一職。他沒有選上，但曾於後來兩任共和黨政府中擔任國務卿一職。1930 年，他受胡佛總統任命為最高法院首席大法官，接替從總統一職退休後擔任首席大法官的塔虎脱。圖片來源：維基百科。

我們今天說憲法增修條文第一條保障我們的自由，指的不只是那段簡短的文字，也包括林林總總的一整套相關法律，而之所以會有這些法律，是法官應用增修條文第一條處理呈庭的種種爭議後，點滴累積的成果。當異議人士焚燒國旗以抗議官方政策，這是受增修條文第一條保護的表達形式嗎？競選中的政治宣傳開支是否能視為受保護的「言論」，免受規範？如果政治人物遭到不實中傷，能夠以名譽受損為由請求賠償嗎？

要回答這類問題，法院會參考先前的法官對相關爭議有過怎樣的意見。每個判決都成為別的案件先例。這種行事原則叫做「普通法」（common-law method）判決方法，因為數百年來，英國與後來的美國法官都是根據所謂的「普通法」建立起財產、契約與各類事務的規範：法律不是由明確的成文法條（statutes）來定義，而是由司法判決（judicial decisions）來界定。*

用這種方式定義我們的基本大法，過程高潮迭起，論及憲法增修條文第一條更是無與倫比。這齣好戲自一七九一年拉開序幕，至今方興未艾，是一則說不盡的故事。增修

---

* 編註：美國因為承襲了英國的司法體系，其特色之一是法源除了包含憲法、制訂法、行政法規等成文法之外，另外還有非成文法，亦即一般所謂的「普通法」（common law）或「案例法」（case law），其包含聯邦與各州各級法院所做成之「司法判決」（judicial cases）與「先例」(precedents)。在判案時，美國法官採用「遵循先例原則」（stare decisis），不僅引用法律，也會引用相關的先例。早期的美國法官大量引用獨立之前的英國判決，但如今已經很少如此，而傾向引用本國建立的判決與先例。

條文第一條向法官與我們一般人拋出許多艱難的問題。我們究竟希望社會不受管控到什麼程度？自由與秩序之間的界線該如何畫定？「不得制訂法律」剝奪言論與新聞自由的要求，真的是絕對的嗎？在本書中，我將從法律與社會的角度探索增修條文第一條的意義，這幾個問題也會在我將討論的問題之中。

在一個以法律為本的政治體系裡，憲法增修條文第一條的故事顯示了法官的角色有多麼關鍵。如同詹姆士．麥迪遜與其他制憲諸賢所言，在共和體制之中，選民擁有至上的主權。不過，我們不能寄望一時的政治多數來闡述憲法的根本價值，尤其當這些多數人的切身利益與這些價值衝突時，更不可仰仗——以史為鑑，這種衝突確實不時發生。法官的任期長，又有職責在身，必須有超越須臾黨派之爭的遠見，所以處於為更深刻之價值發聲的最佳位置。

這也是美國經驗教我們的事。第二次世界大戰以前，在政府治理架構中賦予法院（尤其是最高法院）顯要地位，是美國獨有的作法。在過去，不曾有其他民主社會的憲法是由法官來執行。英國與其帝國境內奉行議會主權（parliamentary supremacy）的準則，議會的決定（無論多麼歧視與不公）就是法律。不過二十世紀的暴政引發了變革。

在一九九八年的一場演說中，時任以色列最高法院院長的阿倫・巴拉克（Aharon Barak）解釋了這種改變。他說，民眾在過去認為，對基本價值的尊重「可以仰賴大多數人的自我約束來保障」，但納粹帶來的教訓是，一定要「對多數的權力予以正式限制。過去我們認為『不應該做』的事，應該被正式明訂為『法律禁止』。」[2]

各國因此陸續採行了**憲政**民主制（constitutional democracy），讓法官為基本議題做最終的解釋。先是在法國這類具有深厚共和基礎的國家，接著是重建後的德國。之後，許多英國前殖民地也加以跟進，尤其是印度與南非。歐洲國家也採納了《歐洲人權公約》（European Convention on Human Rights），以歐洲人權法院（Court of Human Rights）為執法單位。最終就連英國也同意，該國的法院應該受《歐洲人權公約》約束。

從憲法增修條文第一條的歷史可以看到，僅僅把保障條款寫進憲章，不能確保它會得到執行，畢竟在美國也是過了超過一世紀的時間，法院才開始保護異議分子與出版人免於官方壓迫。或是換個說法，法官要兌現增修條文第一條許下的基本承諾，也就是讓美國成為享有言論與新聞自由的國家，也需要時間。時間、創造力與勇氣，缺一不可。怯於任事又缺乏創見的法官，不可能造就今日美國這個自由非凡的國家。

各人依己意言說與著述的自由，是民主體制中不可或缺的必要條件。歐洲人權法院的法官在一九八六年審理了一件事關批評政治領袖的權利之案件時，也體悟到這一點。他們也不是在象牙塔中琢磨這件事，而是根據了美國的經驗與判例。

奧地利記者彼德・麥可・林真斯（Peter Michael Lingens）撰文批評某位政治人物是「卑劣至極的投機分子」，該名政治人物控告林真斯誹謗，而奧國法院判原告勝訴、可獲損害賠償。歐洲人權法院接獲林真斯申訴後，認為奧國法院的誹謗判決違反人權公約——公約中保障言論自由的條文。人權法院表示，言論自由「是民主社會必要基礎之一……它不只適用於受歡迎或不得罪人的『資訊』或『想法』……也適用於使人不快、震驚與困擾的資訊或想法。這是必須的要求，否則社會就無法多元、寬容與開放，也就不會有『民主社會』。」[3] 換句話說，如同美國最高法院大法官小奧利弗・溫德爾・霍姆斯（Oliver Wendell Holmes Jr.）所言，「我們憎惡的思想也應享有自由」。[4]

如同增修條文第一條的例子，當某一憲法條款沒有明確可辨的歷史，制訂者也沒有相關討論可供世人明白他們的意圖，法官是怎麼開始根據這個條款的文字對具體個案作出判決？這是個可以無窮盡討論的主題。但有一件事情真確無疑：再怎麼大膽的法官也是社會的一分子，會受社會氛圍所影響。這裡就有個明顯的前例：因為納粹的經歷，更多美國民眾與法官了解到對宗教與種族的歧視所具有的毀滅性。

二〇〇六年，最高法院大法官露絲・拜德・金斯伯格（Ruth Bader

1993 年，露絲・拜德・金斯伯格在首席大法官威廉・倫奎斯特的陪同下宣誓就職。後為提名她的總統柯林頓。圖片來源：維基百科。

Ginsburg）在南非開普敦大學（University of Cape Town）演講時說：「是什麼啟發了法院的理解，使他們不斷精進？法官確實會讀報，也會受報紙影響，不過正如同哈佛憲法教授保羅．佛洛伊德（Paul Freund）說過的，影響他們的不是當日晴雨，而是時代氣象。」[5]

金斯伯格大法官當時在說的是性別歧視，不過增修條文第一條自二十世紀初以來的詮釋益發擴大，所引發的波瀾也能用她的觀點來形容。像霍姆斯這樣偉大的法官先於時代，比大多數的法官與美國人更早洞悉這件事：思想自由是我們多元社會成功的要素。但司法者對開放言論的堅持，隨著普羅大眾對開放言論的堅持而成長，兩者相輔相成。而且有件事情值得銘記：一七九八年那條將批評總統的行為定罪、由法官執行的法律，在一八〇〇年被美國選民用投票予以拒絕，理由是它違反了增修條文第一條與美國理想。

一直以來，增修條文第一條的意義都受到一代又一代美國人的形塑，不論是法官、政治領袖或公民，以後也將是如此。永遠會有當權者想藉由壓制批評來讓自己的日子好過些。永遠有校長會像二〇〇七年康乃狄克州威爾頓市（Wilton）那位一樣，取消學生以伊拉克戰爭為主題的戲劇表演，就因為它可能使某些家庭感到不安。[6]不過我相信，美國為保障自由的言論、令人不安的言論所許下的根本承諾，已經再無動搖的可能。

第一章

故事的起點

一七九一年十二月十五號，在必需的最後一州維吉尼亞州批准後，
其餘十項增修條文均納入憲法……

英國的兩種言論審查

美國對言論與新聞自由的堅定不移，比他國更值得稱頌，因為這種自由源於非常高壓的法律與政治過往。十七世紀的殖民地移民橫渡大西洋而來，而在他們的家鄉英格蘭，提出與官方版真相不同的想法是極其危險的舉動。什麼是政治上允許的事，又或者更嚴謹地說，什麼是宗教上允許的事，由政府來定義。

壓制的手段有兩種。其一是防患於未然：所有出版品都要經授權許可（licensing system）。在一五三八年的英格蘭，亨利八世國王詔令天下：凡有人想印刷出版品，必須事先取得許可。[7]這個規定涵蓋的內容形式無所不包，不論是書籍（聖經是當時最暢銷的書）、手冊，還是貨運時程表，都在其列。許可制造就了價值連城的印刷獨占事業，也阻止了非正統意見的公開發表。

負責頒發許可證的是行政官僚，而且定奪方式全然武斷。要決定什麼內容可以印行，他們想考慮多久就耗多久，也不會說明理由，被拒絕者不得申訴。這個被稱為事前限制出版的制度催生了抗議審查的經典之作，也就是詩人暨散文家約翰．彌爾頓（John Milton）所寫的《出版自由請願書》（*Areopagitica—A Speech for the Liberty of Unlicensed Printing*）。[8]

英國議會在一六四〇年代的內戰中推翻國王查理一世，同時廢除了這套皇家許可制。然而權力總是使人腐化，這些反政府人士在掌權後也變得更容不下異議。一六四三年，議會制訂了自己的出版許可法，而這套法律沿用到一六九四年，因為議會未能成功延展效期而廢止。

第二種壓制手段或許比許可制還更令人膽寒，那就是謀叛誹謗法（law of seditious libel）。凡公開發表對政府、教會及其官員的任何不敬言論，都因這個法律入罪。謀叛誹謗法依據的前提是，這些機構必須獲得敬重，國家才能免於社會動亂的嚴重危險。如果你出版了批評性的內容，例如指控某位官員收賄，就算證實你所言為真也無濟於事。被控以謀叛誹謗罪，不能用事實來辯護，因為罪責在於降低社會大眾對官方的尊重，所以有憑據的批評可能比不實指控更糟。被告有權在陪審團前受審，不過出版品是否有煽動叛亂性，全由政府任命的法官決定，陪審團只負責考量被告是否果真為其出版者。罪名一旦成立，懲處包括死刑在內。行刑方式是先絞刑、後開膛、再車裂，其情狀之恐怖令人久久難忘。

有件事看在我們現代人眼裡可能很古怪：批評事前審查的人，通常並不反對嚴格的事後懲罰。彌爾頓寫道：「教會與國協首重之事，是緊盯著書籍如何詆毀他們、敗壞人民，並得以據此將罪犯關押、下獄，施以嚴刑。」

威廉・布萊克斯通爵士（Sir William Blackstone）是包括謀叛誹謗法在內的普通法的領導權威。他跟彌爾頓一樣，認為謀叛誹謗法與許可制的事前限制是截然不同的兩回事。「儘管褻瀆、敗德、叛國、分裂教派、煽動內亂或醜聞的誹謗言詞，受英格蘭法律制裁」，布萊克斯通在一七六九年寫道：

> 在正確理解之下的出版自由，絕對未被侵犯或違反。……〔出版自由〕在於不受**事前**限制，而非在出版違法資訊以後享有不受審查的自由……任何危險或具攻擊

> 性的著作出版後，應經由公正無私的審判裁決其有害意圖，並加以懲處（如同現今法律所為）。為維護和平與良好秩序，以及公民自由唯一的基石——政府與宗教信仰，懲處乃必要之舉。[9]

儘管布萊克斯通的學術成績顯赫，有鑑於法官是仰仗「有害意圖」（pernicious tendency）這個難以捉摸的概念來判定何謂煽動叛亂，同時事實又不能用於抗辯，他所謂「公正無私的審判」其實沒多少保障可言。

美國言論自由的發軔

美國殖民地最初對異議也絕少寬容。清教徒為了實踐宗教理念的自由而遠渡重洋，卻沒有讓這種自由廣及他者。麻薩諸塞州在一六六〇年以絞刑處死瑪麗・戴爾（Mary Dyer），因為她堅持為她所屬的貴格教派傳教。殖民地法官也沿用英格蘭的普通法，包括謀叛誹謗法在內，但民眾在不久後開始抵制。約翰・彼得・曾格（John Peter Zenger）

案成為美國關乎出版及新聞自由的首次重大法律考驗，並留下了寶貴的一課。

曾格是紐約的印刷業者，他印刷了《紐約週報》（*New-York Weekly Journal*）這份報紙，其中刊有攻擊紐約州皇家總督威廉·科斯比（William Cosby）的文字。曾格完全沒有涉入內容撰寫，但科斯比仍以謀叛誹謗為由起訴曾格。在一七三五年的審判中，曾格的律師是來自費城的安德魯·漢密爾頓（Andrew Hamilton），而他主張該報對科斯比總督的批評確有其事。在謀叛誹謗法規定下，批評真確與否並不相干，漢密爾頓也心知肚明——事實不能用於抗辯。主審的是一位科斯比任命的法官，他正是如此判決。不過漢密爾頓請求陪審團不要理會法官的裁決、依照自己的心意做決定，如果他們認為《紐約週報》對科斯比的批評屬實，就還曾格自由。結果陪審團認為曾格無罪：這個非比尋常的判決不能正式修改法律，卻在各殖民地引發迴響，減輕了其他以謀叛誹謗罪提訴的念頭。

十八世紀的美國報業良莠不齊，迥異於我們所知的那種高度資本化的都會媒體。任何人都能帶著稿子找上曾格這種接案印刷工、辦一份報紙。當時報紙的政治傾向分明，編輯常是政黨中人，害曾格惹禍上身的《紐約週報》就是反對科斯比總督的某個政治派系寫出來的。幾乎沒有人花任何力氣假作客觀。連喬治．華盛頓這樣備受愛戴的人物也不能倖免於惡評，他在一七九七年卸任總統時，《費城曙光報》（*Philadelphia Aurora*）稱他是「我國所有災厄的源頭」，又說每個美國人的心「在華盛頓這名字停止散播政治惡行的那一天，應該因狂喜而澎湃沸騰」。

在一九六〇年出版的《壓迫的傳承》（*Legacy of Suppression*）一書中，史學教授李歐納．列維（Leonard Levy）主張，在十八世紀末、增修條文第一條甫獲採用時，美國相當自豪的出版及新聞自由只是免於事前限制，但如果出版了當局認定的違禁內容，並沒有免於懲處的自由。他說，謀叛誹謗法在當時仍常被引用。這本書激起一波學術爭論，不過列維在二十五年後收回了他先前的大部分觀點。在這本書改名的新版《新聞自由的興起》（*Emergence of a Free Press*）裡，列維表示在進一步研究後，他發現當時的法學論述雖然仍傾向壓制，但實際上「新聞業的表現彷彿那條法律並不存在」。當時的新聞對政治人物多所批評，的確是「以辱罵為常事」。

在十八世紀的最後幾十年間，針對謀叛誹謗的起訴逐漸減少，部分原因無疑是當局害怕激起民憤。不過直到一八〇三年，紐約哈德遜市（Hudson）仍有一位編輯哈利・克羅斯威爾（Harry Croswell）被告上州法院，原因是他批評總統湯馬斯・傑弗遜。克羅斯威爾發行的《黃蜂報》（*The Wasp*）揭露：傑弗遜在擔任亞當斯總統的副總統期間，雇用一名記者撰文猛烈抨擊亞當斯與華盛頓（那名記者說華盛頓是「賣國賊、土匪與偽證者」）。克羅斯威爾被判有罪，不過，他後來獲釋出獄，因為紐約立法機構在一年後決定事實能用來抗辯謀叛誹謗罪的指控。

當嚴苛的法律對上大無畏的媒體，在這一團紛亂中，有種想法應運而生：要求政府在官方基本文件中納入出版及新聞自由之原則。一七七六年，維吉尼亞州首先發難。在那意義重大的一年，該州殖民議會採用的《權利宣言》（Declaration of Rights）有這段聲明：「出版及新聞自由是自由權利最偉大的屏障之一，永遠不能被專制政府控制。」一等聯邦憲法在一七八七年起草，又在一七九一年納入增修條文第一條，美國最初的十三州裡有九州都在州憲法或其他基本文件中納入這類條款。

作家與印刷商眼見自己的自由獲得州憲法推崇，肯定感到心滿意足。不過這些條款所謂的「出版及新聞自由」實際上是什麼意思？布萊克斯通對美國法院有很大影響，許多司法權威也同意他，認為這種自由只是免於事前限制，而不是在出版後免遭謀叛誹謗罪起訴。從這種觀點看來，關於新聞自由的美言意義不大，因為自從英格蘭在一六九四年廢除印刷許可制之後，事前限制也解除了。布萊克斯通提出的自由，讓人免於的其實是一種幾乎不復存在的限制。

關於向州政府（state calls）要求新聞自由有多少實際意義，還有一層更深的疑慮。各州憲法條文像法律一樣可強制執行，而且位階更優越，在訴訟中能勝過現行立法——這對我們現代人來說理所當然，但在十八世紀卻不是公認的看法。當時確實有人提出各州憲法條文具法律強制力的看法，不過一般認為州憲法只是對州議會（state legislatures）的告誡，有敦促之效而無實質約束力。前面引用了維吉尼亞州《權利宣言》的出版及新聞自由條款，其措辭確實比較像是勸誡而非法律。

法官首次強制執行州憲法規定以推翻行之有年的普通法實務，是在麻薩諸塞州。

一七八〇年，麻州通過一部條文泰半由亞當斯起草的憲法，其開宗明義就說：「人皆生而自由平等。」三年後，麻州最高法院（Supreme Judicial Court of the commonwealth）審理了奎克．沃克（Quock Walker）案。[11] 沃克是黑奴，他說說主人允諾還他自由，後來卻食言，於是他就逃跑了。他的主人納撒尼爾．詹尼森（Nathaniel Jennison）找到沃克，痛打他一頓，後來被依毆擊罪起訴。詹尼森在為自己辯護時聲稱，奴隸制在麻州確立已久，他有權抓捕脫逃奴隸並加以懲處。「自由平等」的說詞在這裡發揮了什麼重大功效呢？首席大法官威廉．庫欣（William Cushing）說奴隸制與此相悖，因此「不能再被容許」。因為這個判決，奴隸制就此在麻薩諸塞州告終。*

人權條款的制訂

一七八七年的聯邦憲法並未包含人權條款（bill of rights，編按：一般習慣翻譯為「權利法案」）——不論是言論及新聞自由或任何其他權利，都沒有加以保障。但出於迫切的政治情勢，它很快就納入了人權條款，因為這部憲法交付各州代表大會請求批准時引發激烈的反對聲浪。反對者包括一些著名的自由倡議人士，例如維吉尼亞州的派屈克・亨利（Patrick Henry）與喬治・梅森（George Mason），他們擔憂新成立的聯邦政府擁權過重，可能會壓迫人民。

麻薩諸塞、紐約與維吉尼亞等關鍵州的代表大會傾向不予批准。後來麻薩諸塞州的約翰・漢考克（John Hancock）心生一計，說服了部分心存疑慮的人士：他提議代表大會批准這部憲法，但同時要求依據這部憲法選出首屆國會，由國會來批准加入一部人權條款。麻州代表大會接受這項提議，以一百八十七對一百六十八票通過了這部憲法。紐約州代表大會也跟進，以三十對二十七票通過，接下來的維吉尼亞州則以八十九對七十九票批准。美國就憑著這些微差距有了一部聯邦憲法。

麥迪遜是制憲領袖之一，當時他反對人權條款的構想。他擔憂，明確列舉出某些權

＊編註：麻州因此成為全美第一個完全廢除奴隸制的州。

利，會導致草案未提及的其他權利不被重視。為了保護各種自由，他仰賴的方法是讓憲法只賦予新聯邦政府有限且明文指定的權力——如此一來，聯邦政府對憲法未述及的事務就無權過問，包括新聞與出版在內。此外，他也認為人權條款不會有用。一七八八年，麥迪遜致函在巴黎擔任美國公使的傑弗遜，在信中將憲法條款貶斥為他所謂的「羊皮紙屏障」，又說人權條款一直以來反覆遭到「各州專橫的多數派」所違反。[12]他顯然認為人權條款只是對立法機關的告誡，而不是可由法院強制執行的法律。

（傑弗遜在回信中表示，有個支持人權條款的論點「深得我心：它賦予司法部門在法律上制衡的權能」。[13]傑弗遜顯然預期，法院能夠裁定違背人權條款的法律為違憲，藉此達成實施人權條款之效。不過在一八〇三年的馬伯瑞訴麥迪遜案（Marbury v. Madison）中，首席大法官約翰．馬歇爾（John Marshall）裁定國會法律因違憲而無效，當時已成為總統的傑弗遜卻大為光火，說馬歇爾的判決會「讓司法機關成為專制的部門」——始終不渝並非傑弗遜的美德之一。）*

麥迪遜早先縱然反對，在擔任美國首屆國會眾議員時，仍然推動了人權條款的制訂。或許他聽進了反方說法，又或許他覺得有義務實現關鍵州代表大會的心願。在他力推之下，參眾兩院通過了十二條憲法增修條文。現今的增修條文第一條排在一連串提案的第

約翰．馬歇爾原為亞當斯總統的國務卿，於 1801 年開始擔任美國第四任首席大法官，直到一八三五年。他經常被認為是美國歷史上影響最深遠的大法官。圖片來源：維基百科。

＊編註：馬伯瑞訴麥迪遜案之原委如下：第二任總統亞當斯於一八〇一年卸任前簽署一批行政命令，將自己的支持者安插到各個行政與司法部門中，但因為時間倉促，亞當斯在卸任前雖然簽署了命令，但命令尚未送出。新任總統傑弗遜就職後，撤銷這批命令。其中馬伯瑞（William Marbury）不滿到手的官職因此丟了，於是狀告最高法院，要求總統維持原案，任命他為法官。此案讓首席大法官約翰．馬歇爾陷入兩難：若判馬伯瑞勝訴，等於挑戰傑弗遜總統的權威。若判馬伯瑞敗訴，則於法無據，因為派令已經簽署，送達只是形式。最後，馬歇爾的判決一方面主張馬伯瑞確實有正當理由要求恢復其官職，但另一方面，馬伯瑞將本案上訴至最高法院的依據，即國會於一八〇〇年頒布的《司法條款》，是違憲的。《司法條款》規定有關法官任命案的爭議可向最高法院提起訴訟，但根據憲法，最高法院是終審法院，需經過下級法院層層上訴才可以到最高法院。馬伯瑞因此敗訴。馬歇爾藉由睿智的判決，一方面避免與總統直接衝突，一方面開創了最高法院得以宣判國會立法無效的先例，奠定了其解釋憲法的終極權威。

三位，前兩案是關於國會的議員人數與薪水，但沒有通過四分之三州同意的必要門檻。一七九一年十二月十五號，在必需的最後一州維吉尼亞州批准後，其餘十條增修條文均納入憲法。

今日有些法官與律師主張，法官在解釋憲法條款時應檢視制憲者的「原意」。根據這些人稱的「原意主義者」（Originalists），這表示要參閱提出憲法修正案的國會議員的陳述、相關討論內容，以及法案批准過程中的各種評論。然而對增修條文第一條做這樣的探究，沒能讓我們增進多少了解。麥迪遜在眾議院提出草案，條文用語經過委員會與參議院之手後有所修改，沒人有過值得注意的看法。參議院也確實沒有留存增修條文第一條的討論紀錄。憲法增修條文第一條的問世過程，無法告訴我們該如何理解它的適用範圍。但沒過多久，「言論自由與出版及新聞自由」代表的意義，就為美國憲法與這個國家帶來一次重大考驗。

第二章

「可憎或可鄙」

「這是公然牴觸自由檢驗公共人物與公共事務的權利，
以及人民就此類議題自由交換意見的權利，
而且這樣的自由交換意見的權利一直被公認是各種其他權利唯一有效的屏障……」
——麥迪遜——

政治鬥爭與《反煽動叛亂法》

一七九八年七月四號，美國參議院在聯邦黨（Federalist Party）主導下通過一項立法草案，將謀叛誹謗（seditious libel）定為聯邦犯罪行為。聯邦黨選擇在這一天通過這部法案，賦予它濃烈的愛國色彩。眾議院同樣由聯邦黨占多數席，也在七月十號投票通過它，並且在七月十四號由身為聯邦黨黨員的亞當斯總統簽署，使之正式生效。從頭到尾只花了十天，對一部重大法律而言有如神速。

根據《反煽動叛亂法》（the Seditious Act），凡撰寫或出版「任何不實、誹謗與惡意文字，意圖詆毀合眾國政府、參眾兩院……或總統……使前述對象或其中任何一人遭人藐視或名譽受損，抑或激起合眾國良善人民對前述對象或其中任何一人之強烈不滿」，均屬犯罪行為。違者處以兩年以下有期徒刑，並科兩千美元以下的罰金。

為什麼政府如此急於立法對付「煽動叛亂」呢？官方說這部法律之所以有其必要，是為了保衛美國不受恐怖主義波及：來自法國的恐怖主義。一七八九年的法國大革命導致雅各賓黨恐怖統治（Jacobin Terror）與斷頭臺濫刑。有些美國人，尤其是立場保守者，擔憂法國的意識形態會散播到該國國境之外。法國在美國革命期間提供了不可或缺的支持，不過巴黎後來爆發種種血腥事件，促使美國人的感激之情也隨之消退。

《反煽動叛亂法》是為了政治目的而利用了對法國恐怖統治的恐懼。政黨制在當時初具雛形，聯邦黨代表的可說是建制力量，至於崛起中的對立政黨自稱共和黨人（Republican，他們雖然叫這個名字，其實是現今民主黨的前身），調性比較民粹，支持的是副總統傑弗遜。兩黨在政壇上激烈較勁。總統夫人阿比蓋爾・亞當斯（Abigail Adams）在一封一七九八年致友人的信函中寫道，「那個法國黨」——指的是共和黨——忙著「播下邪惡、反宗教、腐敗與煽動叛亂的種子」。[14]

聯邦黨人策劃《反煽動叛亂法》，是為了在一八〇〇年總統大選前打壓傑弗遜的支持聲量，因為傑弗遜屆時會與亞當斯同台競選。該法的政治意圖明顯，因為它只懲處針對總統與國會的批評，不含副總統在內，而且法律本身有明訂效期，失效時間是一八〇一年三月三號，也就是下屆總統就職日的前一天。該法實行了略多於兩年半的時間，共導致十四人被起訴，其中包括多份親傑弗遜主要報紙的編輯與老闆，包括《費城曙光報》、《波士頓獨立紀事報》（*Boston Independent Chronicle*）、《紐約阿格斯巨人報》（*New York Argus*）、《巴爾的摩美國人報》（*Baltimore American*）、《里奇蒙明察報》（*Richmond Examiner*）。多數起訴案都在一八〇〇年大選當年受審。為了使親傑弗遜的報紙在大選年噤聲，亞當斯的國務卿提摩西．皮克林（Timothy Pickering）大力推動起訴。

該法的支持者認為，根據普通法體系中的謀叛誹謗法規定，被告不得用事實為自己的批評言論抗辯，相較之下，《反煽動叛亂法》將「不實」陳述明訂為犯罪構成要件，已經是更開放的改革。不過兩者在實際執行上是殊途同歸。法官要求被控違反《反煽動叛亂法》的被告自證陳述在各方面完全屬實，這是很沉重的責任，而且也有幾名被告只是表達主觀意見，沒有真偽可言。

《反煽動叛亂法》的第一件訴訟案就讓這部法律的壓迫本質表露無遺。被告是佛蒙特州的馬修．萊昂（Matthew Lyon），一名共和黨籍眾議員，因為一封給《佛蒙特報》（*Vermont Journal*）編輯的投書遭到起訴。他在投書中說亞當斯總統「不斷爭奪更多權力，對荒唐排場、無知奉承與自私貪婪永無饜足之時」。這是批評政敵的氣話，實在難用真假來衡量。但是一份起訴書指控萊昂的文字「粗鄙而虛妄不實、意圖誹謗、煽動叛亂且充滿惡意」。最高法院大法官威廉・帕特森（William Paterson）是萊昂案的主審（當時的大法官也要擔任聯邦案件的初審法官，巡迴各地審案），他要求陪審團判斷萊昂下筆時是否「除了讓總統與政府顯得可憎或可鄙（odious and comtemptible），致使兩者名譽受損，還有任何其他意圖」。萊昂被判有罪，遭處四個月有期徒刑與一千美元罰金。[15]

另一件備受矚目的《反煽動叛亂法》起訴案，被告是政治宣傳小冊寫手詹姆斯・卡倫德（James T. Callender）。[16]他在一八〇〇年總統選戰期間出版了一本書，稱亞當斯總統是「搞煽動的白髮老頭」，又說選民要在「亞當斯、戰爭與赤貧，或是傑弗遜、和平與強盛」之間抉擇（第一章提過，克羅斯威爾在一八〇三年被依紐約州的謀叛誹謗法起訴，這就是原因——他指稱傑弗遜雇用卡倫德寫出攻擊亞當斯的文字）。卡倫德在最高法院大法官山繆・蔡斯（Samuel Chase）主持的初審中被判有罪，而蔡斯在共和黨人眼中是個惡毒的親聯邦黨分子。（共和黨在一八〇〇年拿下眾議院多數席後，發動彈劾蔡斯，但未獲參議院表決通過。）在卡倫德案庭審中，陪審團成員全是聯邦黨人。現代的研究已經發現，在當時的《反煽動叛亂法》庭審中，法官與法警會在陪審團裡安插滿聯邦黨黨員。

萊昂與卡倫德這類訴訟案在各地引發抗議，考量到當時通訊不易，這種迴響相當可觀。萊昂原本該在一七九九年二月九號刑滿出獄，但他無力負擔罰金，只得繼續坐牢。不過各地的共和黨要人紛紛慷慨解囊，由維吉尼亞州參議員史蒂芬·梅森（Stevens T. Mason）帶著募得的金幣前往佛蒙特州。萊昂在獲釋後旋即參加了一場向他致敬的慶祝遊行。

聯邦黨人想利用《反煽動叛亂法》取得政治優勢的盤算盡付流水。傑弗遜支持者譴責那些官司是想讓美國退回英王喬治三世治下的暴政，並且印行了卡倫德的庭審紀錄來佐證。這部法律成為選戰熱議話題，最終也左右了一八〇〇年的選舉：傑弗遜打敗亞當斯、當選美國總統，聯邦黨在國會選舉中失去參眾兩院的多數黨地位，開始逐漸被世人遺忘。

支持理由：保護政府的必要

這是一場規模浩大的政治辯論。從二十一世紀的角度看來，整件事令人訝異的地方在於它的政治色彩遠勝於司法意義。在今天，反對這類法律的人應該會直奔法院、主張它違反增修條文第一條。《反煽動叛亂法》在它短暫的效期內從未經最高法院檢驗其合憲性，而就算有，最高法院也幾乎一定會支持它。在一八〇〇年，美國最高法院的六位大法官有三位曾主審《反煽動叛亂法》訴訟案，分別是蔡斯、帕特森與布希羅・華盛頓（Bushrod Washington），但他們從未表示過一丁點違憲疑慮。

不過憲法與增修條文第一條在這場論戰中並未被忽略，許多評論家就引用它們來解釋國會與社會大眾為何抵制《反煽動叛亂法》。事實上，政界與社會大眾針對《反煽動叛亂法》所做的討論，在美國歷史的早期階段就已經催生出言論與新聞自由的種種論證，這些觀點至今仍與我們同在。

聯邦黨人在眾議院的討論中主張，儘管這不是憲法賦予新聯邦政府的特定權力之一，但對任何政府來說，防範煽動叛亂性新聞之攻訐是必要的附帶權力。康乃狄克州眾議員約翰·艾倫（John Allen）要眾議院看看當時美國首都費城的報紙，他說，從這些報紙可見一種意圖「顛覆、毀滅政府」的「危險陣營」確實存在，會鼓吹民眾「發動**叛亂**」。[17]當時確實有些費城報紙對亞當斯政府懷抱敵意，不過它們並沒有唆使人民叛亂顛覆政府，而是鼓勵大家去投票。

聯邦黨人認為援引增修條文第一條並不適切，理由是它保障的「出版與新聞自由」只是解除事前限制，而《反煽動叛亂法》訴求的是事後處罰。這正是布萊克斯通的論點。賓夕法尼亞州國會議員亞伯特·加勒廷（Albert Gallatin，後來為傑弗遜政府擔任財政部長）對此的回應是，「說懲處某種行為並未剝奪從事那種行為的自由，實屬荒唐」。加勒廷說，把布萊克斯通的觀點套用在增修條文第一條的言論自由條款上很「荒謬」：政府要怎麼對說話的人加諸事前限制，是要封住他們的嘴，還是切掉他們的舌頭？[18]

維吉尼亞州的共和黨籍眾議員約翰·尼可拉斯（John Nicholas）提出一種主張，與我們在兩世紀後對言論自由的看法遙相呼應。聯邦黨辯稱《反煽動叛亂法》很開明，因為它至少在理論上只適用於不實陳述。尼可拉斯回應道，任何想分別真偽的企圖都與自由相衝突，因為凡是激烈的政治批判都能被指控內容有誤，印刷業者將會「害怕印刷出版事實，因為內容即使真確無誤，他們在舉證自清時未必有能力完全滿足法院要求」。[19]在一九六四年的《紐約時報》訴蘇利文案（*New York Times v. Sullivan*）中，最高法院就表示，「在自由辯論中，錯誤陳述無可避免，而且……假使我們想讓表達的自由享有生存空間，錯誤也必須受到保護」。

共和黨曾試圖在一七九九年廢止《反煽動叛亂法》，但未能成功，不過尼可拉斯在當時提出另一個重要的論點。他表示，《反煽動叛亂法》的思維源於大英帝國，而英國的政治架構與美國大相逕庭。他說：「王位世襲相傳，而根據該國政府思維，國王永遠不會出錯。政府官員代表國王行事，遂部分享有其神聖不可侵犯性。」可是在美國，「政府官員乃是公僕、向人民負責，在位者亦理應藉定期選舉輪替。」

反對理由：自由檢驗公共人物與公共事務的權利

在抵制《反煽動叛亂法》的聲浪中，麥迪遜是最重要的聲音。他與傑弗遜在該法通過後發起行動，呼籲各州立法部門抵制該法。他們得在暗中行事，唯恐自己也因為《反煽動叛亂法》而遭到起訴——這兩位一人是憲法起草人，另一人當時可是美國副總統！傑弗遜在一七九八年撰寫了一篇決議案，獲肯塔基州議會於同年稍晚通過。這份決議案以聯邦主義為立論基礎——強調憲法授予各州全權決定是否採用限制新聞出版的法律。麥迪遜則是為維吉尼亞州議會起草決議案，並且提出經典的論述：言論自由與出版及新聞自由是共和政體的必要屏障。[20]

維吉尼亞決議案（Virginia Resolutions）在一七九八年獲州議會通過，抗議《反煽動叛亂法》「明顯且令人憂心的違憲性」。該決議案表示，《反煽動叛亂法》動用了：

一種憲法未授予的權力，非但如此，此一權力還經增修條文之一明確禁止——

比起其他，《反煽動叛亂法》濫用的權力更應引起全民的警覺，因為這是公然牴觸自由檢驗公共人物與公共事務的權利，以及人民就此類議題自由交換意見的權利，而且這樣的自由交換意見的權利一直被公認是各種其他權利唯一有效的屏障。

（亞當斯在他距此三十三年前的專著〈論教會與封建法〉（A Dissertation on the Canon and Feudal Law）中也提出幾乎一模一樣的想法。他寫道：「如不能讓人民彼此之間獲得他們有權……也渴望知道的一般知識，就無法保護自由權利；此外，他們也有權追求最令人恐懼與稱羨的一種知識，亦即對統治者的品格與行止的了解；這是一種不容置疑、不能讓渡、不

詹姆士．麥迪遜為美國憲法之重要起草人，在第三任總統傑弗遜任內擔任國務卿，之後擔任第四屆美國總統。他與亞歷山大．漢彌爾頓、約翰．傑伊合著有《聯邦黨人論文集》。圖片來源：維基百科。

可剝奪的神聖權利。」）

麥迪遜筆下的「自由檢驗公共人物與公共事務的權利」精確闡明了美國政治制度的立基前提，我們不妨稱之為「麥迪遜前提」（Madisonian premise）。它告訴我們，當政府試圖阻止報紙披露一場曠日費時之戰爭的起因，或是在報社揭發未經授權的違法秘密監聽時，指責這是在危害國家安全，美國人為何應該嗅到警訊。尼克森政府在《紐約時報》於一九七一年公開越戰五角大廈密件（Pentagon Papers）之初的反應，以及布希（George W. Bush）政府在二〇〇六年伊拉克戰爭期間的所作所為，足堪佐證。

在一八〇〇年一月獲州議會通過的〈維吉尼亞決議案報告〉（Report on the Virginia Resolutions）中，麥迪遜又更詳細闡述了他的理念。他說，根據我們的憲法，「至高主權在民，不在政府。」這與英國「截然不同」——這與尼可拉斯眾議員的論點不謀而合：「有鑑於兩國國情如此迴異，考量是否應賦予我國新聞出版實務不同程度的自由，豈非自然且必要之舉？」麥迪遜說，在美國，「新聞出版細察各種類型公眾人物的功績與所作所為的自由，連有嚴格限制的普通法都未予以束縛。這是出版與新聞自由的立足點。

在這個基礎之上，它仍然屹立不倒。」[21]

維吉尼亞州眾議院中也有持反對意見者，他們發表了聲援《反煽動叛亂法》的「少數派聲明」，由亨利．李（Henry Lee）起草，這位獨立戰爭英雄以「輕騎哈利．李」的稱號揚名，也是南北戰爭時的名將羅伯特．李將軍的父親。[22]他們嚴詞抨擊當時任何社會為了開放政治表達自由所做的選擇，自然也包括我們現代社會的選擇在內了。這些少數派主張：

主張我們無權懲處這部法律條文所述及的著述，形同否定我國維持國內和平、保護自己免受刁民攻擊的權力；這些刁民無法安分守己，頻頻受擾亂公共安寧的奸計蠱惑。政府的創立與維繫是為了全民幸福安康；人民因此關切政府之維繫，亦有權採取措施加以保全、抵擋公開敵意所包藏之禍心。政府若遭不實與惡意中傷，會傷害人民對其之信賴與情感，即無法穩固。

這份少數派聲明將《反煽動叛亂法》立基的政治前提說得一清二楚。它把政府視為需受保護不被「刁民」所害的主權者，而非由主權公民選來在一定限期內管理國家的組織。諸如萊昂對亞當斯的譏諷毫無陰謀可言，卻也被這份聲明視為國家危機。

傑弗遜在一八〇一年成為總統後，很快赦免了所有因《反煽動叛亂法》而被定罪的人。一八〇四年，他在一封寫給亞當斯太太的信中說明了理由（雖然他們兩家在一八〇〇年大選前交惡，傑弗遜長年與阿比蓋爾保持友好的書信往來，過了一段時間也開始與亞當斯通信。他們的交誼甚篤，直到一八二六年七月四號，美國《獨立宣言》問世的五十週年，在這一天兩位前總統一同過世）。傑弗遜在給亞當斯太太的信裡寫道：「我釋放了所有因《反煽動叛亂法》遭起訴獲刑的人，因為我一直以來都認為那部法律絕對且顯然無效，國會彷彿是在命令我們倒地膜拜一尊金像。出於職責所在，我得阻止這部法律在各階段的執行，正如同有人若是拒絕膜拜金像，而得被扔進熊熊火爐燒死，我必須拯救他們。」[23]

《反煽動叛亂法》在無意間為美國的自由做出偉大貢獻。它讓許許多多的美國人開始珍視共和體制帶來的言論與新聞自由有多麼重要，而這就是麥迪遜前提。不論增修條文第一條的作者是否有心將謀叛誹謗予以除罪，在該條文入憲十年後，美國主流輿論已經認為這種惡法不符合憲法價值。

不過，《反煽動叛亂法》有種特性沒有消失：利用恐懼正當化政治壓迫。在美國歷史上，民眾一而再、再而三地被告知：為了保護國家不受外來威脅，我們必須犧牲公民自由。層出不窮的案例都能佐證理查·霍夫士達特（Richard Hofstadter）所謂的「美國政壇的妄想偏執風格」（the paranoid style in American politics）。[24*] 正如同一七九八年的聯邦黨人以法國恐怖統治之名為《反煽動叛亂法》護航，二十世紀的美國國會也曾通過許多法律，使得任何人一背上共產主義分子的嫌疑就會名譽掃地；從一九二〇年代，到尼克森總統與約瑟夫·麥卡錫參議員，政治人物都曾經給對手扣上對共產主義過於軟

* 編註：理查·霍夫士達特為哥倫比亞大學美國史教授，曾兩度獲得普立茲獎，著有《美國的反智傳統》等書。一九六四年，受到共和黨提名黨內保守派高華德參選該年總統大選的刺激，霍夫士達特出版《美國政治中的妄想偏執風格》一書。

弱的帽子，藉此贏得選票。在二十一世紀的「反恐戰爭」裡，小布希總統說服國會剝奪被控之「敵方戰鬥人員」的法定權利，而他的理由就是保護國家安全。

麥迪遜早就預見了這個問題。在《反煽動叛亂法》通過的兩個月前，他在一封給副總統傑弗遜的信裡寫道：「或許這是普世皆然的真理：人在自家喪失自由的原因，是遭到防範外患的法規的控訴，不論所謂的禍患是真是假。」25

第三章

人生就是一場實驗

「對一思想是否為真理最好的試煉，

是讓該思想經由市場競爭使人接納以獲取其影響力，

而且經過競爭而被發現的真理才是人們可以賴以實現己願的唯一根據。」

——霍姆斯大法官——

百年沉默

今日的訴訟案經常援引憲法增修條文第一條，結果往往也很成功。最高法院與各級法院確實落實了它對言論自由和出版及新聞自由的保障。所以我們要是得知，最高法院意見書是在一九一九年才首次援引增修第一條並支持言論自由和出版及新聞自由，這就很令人吃驚了——而且，那還是一份不同意見書。在《反煽動叛亂法》過後一百二十年，有關言論自由和出版及新聞自由的條款才成為重大法律議題。

如此長時間的沉默有其原因。從《反煽動叛亂法》失效的一八〇一年，一直到一九一七年，美國聯邦政府都沒有限制言論或出版的相關法律。而且根據增修條文第一條的字面條件，它只適用於聯邦法律，不適用於州法（「**國會**不得制訂法律……」）。一八三三年，透過首席大法官馬歇爾的意見書，最高法院也明確界定了人權條款所有條款（即憲法前十條增修條文）只規範聯邦行為。

在南北戰爭後入憲的增修條文第十四條明確規定，沒有任何一州能夠「未經正當法律程序即剝奪任何人的生命、自由與財產」。最高法院很快開始將這個條款解讀為是在保障個人財產權不受州政府管制，但起初並未將它應用於增修條文前十條所保護的那些個人自由權，例如言論自由權。

到了十九世紀，最高法院真的開始接到言論自由上訴案了，不過他們不予理會，認為表達自由的權益無足輕重。最高法院的作法是容許壓制任何「具有害傾向」（bad tendency）的言論，意思是任何可能冒犯思想健全的人民的言論：這個範疇實在模糊，等於沒有為任何表意人或作者提供任何保護。直到一九〇七年，仍有一位傑出的最高法院大法官奉行這個法則，也就是霍姆斯，從他主審的派特森訴科羅拉多州案（Patterson v. Colorado）可見一斑。[26] 湯瑪士·派特森（Thomas M. Patterson）這位編輯為文批評一名法官，結果被依藐視法庭的罪名拘捕。根據舊時的普通法規定，他不得用自己所言屬實來抗辯，所以派特森抗辯的理由是自己未得到正當法律程序的對待。霍姆斯大法官承續布萊克斯通的論點表示，保障言論自由的「主要目的」是免於「出版的事前限制」。他說，「如果言論有妨礙公共福祉的可能，則這種保障並不包括免於後續處罰在內」。

真實的陳述如果對社會產生傷害也可能受罰；批評法官可能會降低公眾對司法審判的尊重，就是個例子。這種觀點與英格蘭的謀叛誹謗法遙相呼應：它沒有為言論或新聞出版提供任何實質保護，因為所有的說詞幾乎都有「妨礙公共福祉的可能」。

約翰．馬歇爾．哈倫（John Marshall Harlan）大法官就此案提出不同意見，敦促司法界將增修條文第十四條理解為涵蓋增修條文第一條保障的言論自由與出版及新聞自由——他表示，對派特森做出藐視法庭的判決違背了那些保障。哈倫的意見書只以寥寥三段文字，對言論自由與出版及新聞自由的本質和範疇也不見任何討論。但他在意見書中呼籲讓州級訴訟也享有憲法人權條款所保障的權利，仍可謂是先見之明。不過最高法院遲至一九二五年才跨出這一步。

霍姆斯的三項判決

十二年後，霍姆斯大法官改變了心意，而這一變對美國的自由造成深遠影響。這段故事非比尋常，現在看來仍有些令人費解之處，起因是美國在一九一七年參加了第一次世界大戰。當時舉國轉向推崇鷹派政策，容不得反戰的異議。德文名稱紛紛被改換，德國酸菜（sauerkraut）就變成了「自由包心菜」（liberty cabbage）。在那樣的氛圍下，威爾遜總統力推一部滴水不漏的《間諜法》（Espionage Act）也獲得國會通過。根據這部法律的規定，凡是在戰時「挑唆不服從、對國家不忠與叛亂，或有此企圖者，以及拒服陸軍或海軍軍役者」，或是「刻意阻撓軍隊招募與徵兵者」，均屬犯罪行為。有數百人不過是言語或文字帶有批評性質，就因為這部法律遭到起訴。對政府或戰爭發出再輕微的批評，都會被視為違反《間諜法》；法官也告知陪審團，只要他們認為被告的言詞「對國家不忠」就能定罪。

一九一九年三月，有三宗涉及《間諜法》的訴訟案經最高法院判決定讞——三

霍姆斯大法官像。圖片來源：維基百科。

案均獲一致通過，意見書全由霍姆斯大法官撰寫，被告也都因為違反該法被判有罪。乍看之下，這些意見書無法為篤信言論自由的人提供多少慰藉。

第一宗是申克訴合眾國案（*Schenck v. United States*），[27]被告申克散發譴責徵兵的傳單，說這是在奴役入伍的人。霍姆斯大法官似乎有些語帶遲疑地表示，「很有可能」，增修條文第一條對自由言論的保障「不僅止於解除事前限制……如同派特森訴科羅拉多州案隱含的意義」。他說，不過在非常時期，言論可以受到懲處，並且打了一個後來很出名的比喻，儘管拿這來比喻對官方政策的批評其實不算公允：「對自由言論再嚴格的保護，也不會保護一個在劇院裡大聲謊喊失火、引發恐慌的人。」

霍姆斯大法官接著提出一個判斷言論是否應受懲處的準則。他說：「每個案件都要針對這個問題考量：從發表言論的情境與該言論的性質，評估該言論對於國會有權阻止之實質弊害的發生，是否具有明顯且立即的危險（clear and present danger）。」歷代學者反覆推敲這個說法，但其真意仍莫衷一是。霍姆斯在多年後表示，他在一八八一年出版了《普通法》（*The Common Law*）一書，而「明顯且立即的危險」這個概念源於書中對未遂罪行的探討。[28]他又說，如果「它的自然與可能效應」（its natural and probable effect）最終會導致犯罪，那麼未遂犯就能被懲處。這路思維對言論似乎不具保護作用，而我們幾乎能肯定霍姆斯也意不在此。這個準則沒幫上申克的忙，對另兩案的被告來說也無濟於事，也就是弗洛維克訴合眾國案（*Frohwerk v. United States*）[29]與戴伯斯訴合眾國案（*Debs v. United States*）。[30]

戴伯斯案讓我們清楚看到，針對言論的懲罰能有多麼無遠弗屆。被告是知名政治人物尤金·戴伯斯（Eugene V. Debs），他是美國社會黨（Socialist Party）領袖，曾五度代表該黨參選總統。他在俄亥俄州坎頓（Canton）發表演說，內容主要是關於社會主義，不過他在開頭告訴聽眾他剛去附近探望三名正在服刑的男性，而這三人因為幫助另一名男性逃避徵兵登記而入獄。戴伯斯因為這段話被起訴。根據霍姆斯在意見書中的紀錄，戴伯斯說那三名囚犯「是因為正直不屈、為了幫助全人類邁向更好的境界而受罰」。戴伯斯被判有罪，須入獄服刑十年（他在三年後獲釋，坐牢期間仍不忘在一九二〇年競選總統）。

霍姆斯不理會旁人引用增修條文第一條為戴伯斯辯護的理由，表示他在申克案的意見書中已經處理了這些辯護理由。他表示，有證據「使陪審團有正當理由認為」，戴伯斯反戰與反徵兵立場「的表達方式，使得其自然與意圖達成的效果就是阻礙軍隊徵募」。想想美國後來在越南與伊拉克所從事的戰爭，就能體會到霍姆斯在本案中是多麼不把言論自由放在心上。越戰和伊拉克戰爭遭到的譴責都比戴伯斯的發言更激烈，卻沒有人只因為出言相斥就被起訴。戴伯斯在坎頓的演講並未真正阻撓徵兵，不過霍姆斯顯然覺得戴伯斯踩到了「明顯且立即的危險」這條紅線，因為在戰時，潛在的傷害無論那是多麼不可能成真，也非同小可。

戰亂時刻的言論自由

僅僅八個月後的一九一九年十一月，最高法院又對亞伯拉姆斯訴合眾國案（*Abrams v. United States*）做出判決——這是第四件《間諜法》訴訟案。[31] 有四名激進分子，都是為了逃離沙皇俄國的屠殺與暴政而流亡的難民，抗議威爾遜總統決定在布爾什維克革命後派遣美國軍隊進入俄國。他們從紐約下東區的一棟建築頂樓拋撒傳單，鼓吹民眾發起大罷工抗議威爾遜干涉俄國內政。四人都被依國會在一九一八年通過的《間諜法》修正條款起訴，而根據修正條款，凡對憲法、軍隊、軍服或國旗「口述、印刷、書寫或出版任何不忠、褻瀆、粗鄙及謾罵言語」，均屬犯罪行為。他們之所以被起訴，是因為傳單討論的雖然是美國對俄干涉，但也有企圖妨礙美國與德國戰事的嫌疑。四名被告的罪名全部成立，其中的三名男性被判二十年徒刑，莫莉．史坦默（Mollie Steimer）這名二十歲的女性則要服刑十五年。

最高法院也維持原判。不過這一回，霍姆斯大法官提出了不同意見書，路易斯．布蘭迪斯（Louis D. Brandeis）大法官也參與了該不同意見書。霍姆斯表示，他認為早先那三件《間諜法》起訴案的判決正確無誤。他說，「若有言論造成明顯且迫在眉睫的危險，或意圖造成明顯且迫在眉睫的危險，將導致某些迫切的實質禍患之產生」，美國有權加以懲處。霍姆斯表示他僅僅重申「明顯且立即的危險」這個檢驗標準，不過又加上了兩個關鍵的形容詞：「迫在眉睫」（imminent）與「迫切」（forthwith）。

霍姆斯繼續寫道：「僅僅是由一無名小卒私自印行的幼稚傳單，沒人能據此假定這代表任何迫在眉睫的危險，以致於妨礙政府軍隊戰勝……在本案中，被告印行了兩份傳單就被加諸二十年徒刑。我認為本案被告之有權發布這些傳單，正如同政府有權發布經這些被告引用卻保護不了他們的美國憲法。」霍姆斯說這些傳單是「薄弱的匿名之作」，又說它們就算違法，也只能加諸「僅僅象徵性的懲罰」才合理，除非被告真正受罰的原因是他們本身激進的觀點——但他又表示，這些觀點「於我而言不過是無知且不成熟的信條」，且即便如此，「無人有權據此向最高法院提起告訴」。

布蘭迪斯大法官像。圖片來源：維基百科。

霍姆斯提出了擲地有聲的不同意見，也言之有理：只有戰時的狂熱分子才會無限上綱地說這些文字會擾亂戰備，但被告卻因此被嚴刑處罰。不過這樣的意見從何而來？霍姆斯一向否認他對亞伯拉姆斯案的觀點有別於他在早先三樁《間諜法》訴訟案中的意見。只不過，不只是他的結論，他的推論思維也相當不同。根據他這份亞伯拉姆斯意見書提出的標準，戴伯斯用寥寥數語提及他與教人如何逃避徵兵登記的囚犯見面，也不該被判有罪。

誰改變了霍姆斯？

霍姆斯是如何又為何改變了心意，或至少是徹底改變了他強調的重點，我們難以論定；這是整件事至今仍令人費解之處，但也不無跡象。其一是戴伯斯案引起學者與評論界廣為批評，而這些人通常是霍姆斯大法官的愛戴者。我們知道霍姆斯至少讀過其中一篇批評文章，因為他曾寫過一封信給作者，不過最後沒有寄出。

另一個可能影響了他的人是勒恩德・漢德（Learned Hand）。漢德是紐約的聯邦地方法院，後來在聯邦第二巡迴上訴法院（Court of Appeals for the Second Circuit）任職，成為堪稱美國最受敬重的法官。一九一八年，漢德與霍姆斯在一列火車上相遇，而且顯然聊到了言論自由，因為兩人之後立即就這個主題展開書信往返。漢德曾經為一件涉及《群眾》（*The Masses*）雜誌的訴訟案寫了一篇鏗鏘有力的意見書、支持言論自由。《群眾》的立場激進，曾在某一期中抨擊戰爭與徵兵，結果郵政總局局長下令從郵件中將其排除，不予寄發，《群眾》不服排除令而提起訴訟。漢德法官在一九一七年的群眾出版公司訴裴頓案（*Masses Publishing Co. v. Patten*）中判決《群眾》勝訴，並且表示，會直接煽動「激烈抗爭」的言論有可能被懲處，但僅是批評政府政策者，不論用詞溫和或激昂，均不在其列。[32]他說這種區分是「爭取自由時付出沉痛代價得來的教訓」，又說美國這種憲政國家有賴「意見的自由表達作為權威的終極來源」。這對政治正當性而言，是一個卓越而有力的論點。（漢德的判決被聯邦上訴法院推翻，不過他的想法流傳了下來）。

戴伯斯案判決定讞後，漢德曾私下致函霍姆斯，表達了與他在審理《群眾》雜誌案判決所持的意見相同一致的觀點，認為言論只在「直接煽動」不法行為時才應該懲處，並且提出另一個很切合戰時氛圍的觀點。他說，讓陪審團決定言論是否有造成惡果的「傾向」並不恰當，因為這些訴訟案發生在「人心浮動不安的時刻」。霍姆斯回覆道：「我恐怕不大理解您的說法」。這實在不太可能。[33]

不過在這段期間，影響霍姆斯最深的應該是哈佛法學院小澤卡賴亞．察菲（Zechariah Chafee Jr.）教授撰寫的一篇文章，刊載於《哈佛法律評論》（*Harvard Law Review*）。察菲是研究言論自由的學者，他蒐羅史料為證，主張增修條文第一條為言論自由提供廣泛的保護，即使在動蕩不安的戰時也不例外。他說，該條文起草人意在「抹除普通法中的反煽動叛亂法，要讓那些沒有煽動違法行為的批評政府言論在美國再也不可能被起訴。」

察菲對一九一九年三月那三件《間諜法》訴訟案的判決想來該有諸多批評，實際上卻不然，他讚許霍姆斯「明顯且立即的危險」的標準，說這會使得「對有害傾向的言論之懲處再無可能」。不過察菲的確也表示，應該要求戴伯斯案的陪審團查明被告是否有造成明顯且立即危險的不法行為。

察菲那篇文章題名〈戰時言論自由〉（Freedom of Speech in War Time），在一九一九年六月於《哈佛法律評論》刊出，時機再好不過。[34]霍姆斯在那年夏天讀到這篇文章，並且在多年後寫信告訴察菲，關於增修條文第一條的歷史根源，那篇文章讓他「獲益良多」。[35]然而，要說霍姆斯的想法完全是被某個特定因素決定卻也很難成立。霍姆斯博覽群書，一天一本是尋常事，也會閱讀多種語言的著作。

雖然霍姆斯的思想來源很複雜，但當他撰寫亞伯拉姆斯案不同意見書時，憑恃的是令人嘆為觀止的文采。除了前面引用的片段，他繼續娓娓道來，並永遠改變了美國人對自由的認識：

針對意見的表達加以迫害，於我看來完全合乎邏輯。人若是對自己的立場或權力深信不疑，且全心渴望獲致某種結果，自然會藉法律遂行所願並掃除一切反對意見……

然而，當人們體認到歲月是如何顛覆了許多讓人願意為之一戰的信念，那麼比起堅守自身行為所根據的基礎，他們應該會更加認同：要達到他們所希冀的最高共善，觀念的自由交換才是比較好的方法——對一思想是否為真理最好的試煉，是讓該思想經由市場競爭使人接納以獲取其影響力，而且經過競爭而被發現的真理才是人們可以賴以實現己願的唯一根據。

無論如何，這是我國憲法背後之理論。這是一場實驗，正如同人生就是一場實驗……儘管這種實驗是我國體制的一部分，我卻認為，我們應該永遠保持警戒，提防那些對我們深惡痛絕、甚至認為將導致生死大患的意見表達要加以審查的企圖，除非這些意見表達會造成明顯的威脅且立即干擾合法與迫切之法律目的，以致於我們必須即時予以制止以保衛國家……

僅在一種緊急情況下，「國會不得制訂法律……剝奪人民言論自由或出版及新聞自由」此一全面禁止的飭令才有例外，也就是當我們把撥亂反正的任務交付給時間處理，將會在當下導致立即危險的情況。我在此所論自然僅是關於意見與規勸的表達，正如我在此所述也都是個人意見與規勸，可惜我無法用更強烈的語言來表達我的想法，判決本案被告罪名成立就是剝奪美國憲法賦予他們的權利。

當時沒有，之後也未見有其他法官能寫出「這是一場實驗，正如同人生就是一場實驗」，或是「我們深惡痛絕、甚至認為將導致生死大患的意見表達」這樣的絕句。霍姆斯是我們美國人有過最接近詩人的法官了。

在霍姆斯為亞伯拉姆斯案寫出那份不同意見書之前，還有一段值得注意的插曲，它直到美國前國務卿迪安．艾奇遜（Dean Acheson）在一九六五年出版回憶錄《晨與午》（*Morning and Noon*）才公諸於世。[36]艾奇遜是布蘭迪斯在一九二〇年任職最高法院時的大法官助理，他的朋友史丹利．莫里森（Stanley Morrison）剛在前一年擔任過霍姆斯的助理，也就是亞伯拉姆斯案審判那一年。莫里森告訴艾奇遜，在判決宣布前，其他三名大法官一起去找霍姆斯，還請霍姆斯太太到場。艾奇遜寫道：

> 他們認為這件案子危及國家安全，所以向他坦白請求：既然他是上過戰場的老

兵，在這件案子上也應該團結為國、放下個人偏好。霍姆斯太太也認同他們的立場。這次討論從頭到尾都很友善甚而真摯，霍姆斯大法官很遺憾地表示恕難從命，其他人沒有再向他施壓。幸虧如此，對於思想與言論自由的自由主義信念，最動人的一次陳述才得以傳世。

霍姆斯曾在南北戰爭中參加北方聯邦軍隊，也在戰場上三度受過重傷（他過世後，旁人發現他的衣櫃裡仍掛著一套聯邦軍軍服）。他的同事與妻子訴諸他的愛國情操，不過他沒有讓步。他透過自己的言行表達不同意見，完美地象徵了何謂異議的正當性，這也正是他主張的論點。

在後續十年間，霍姆斯與布蘭迪斯大法官有志一同，發表了一連串支持言論自由的不同意見書。他們是一對不尋常的戰友，都具有超凡的智識，在其他方面卻又截然不同。霍姆斯出身波士頓上流社會，熱愛美酒和女人。布蘭迪斯是美國最高法院第一位猶太裔成員，滴酒不沾，過著清教徒般自律的生活。他在哈佛法學院的成績優異，靠著自立門戶開律師事務所致富，但後來日漸投入公益法律工作。布蘭迪斯支持社會改革，而霍姆斯認為這是徒勞之舉。然而他們都願意讓政府試行一些改革措施，例如最高工時的相關法規，這也使得他們都在最高法院判決經濟改革立法違憲時提出不同意見。但自從霍姆斯在一九一九年改變立場，此後凡是事關言論自由，他們即不採取他們前述尊重立法機關的主張。

在一九二〇年代，主張言論自由保護的訴訟案在最高法院經常敗訴，其中只有一次值得注意的勝利。在一九二五年的吉特羅訴紐約州案（*Gitlow v. New York*）中，班傑明·吉特羅（Benjamin Gitlow）因為寫文章鼓動「革命性的無產階級專政」，被依違反紐約州法律起訴定罪。吉特羅不服判決，向最高法院上訴。最高法院駁回他的請求，而霍姆斯主筆、由布蘭迪斯參與提出不同意見。然而這是多數大法官在史上首次表示，因為憲法增修條文第十四條，增修條文第一條的言論自由條款也適用於各州。從那時起，最高法院受理的言論自由訴訟案大多都是關於各州當局對壓制言論的案件。[37]

休斯大法官曾說不同意見書是在訴諸「法律的沉思精神」，也就是在籲請未來的法院要重新考慮該如何判決。[38] 事實上，這種省思實際上鮮少發生。不過隨著時移事往，霍姆斯與布蘭迪斯在一九一九年到一九二九年間不斷提出的不同意見，確實翻轉了世人對憲法增修條文第一條保護範圍的固有成見。這不只是一種驚人的轉變，更可謂一次法律革命，也足證文字的力量能夠撼動心智。在最高法院九名大法官中，霍姆斯與布蘭迪斯只有兩票，不過他們的用字遣詞是如此鏗鏘有力、如此的具有說服力，扭轉了整個國家與最高法院的態度。

我們憎惡的思想也應享有自由

在那十年間，有三份意見書特別突出。首先是霍姆斯為一九一九年亞伯拉姆斯案提出的不同意見。第二份出自一九二七年的惠特尼訴加州案（*Whitney v. California*），被告是出身名門的安妮塔·惠特尼（Anita Whitney），她協助成立加州共產主義勞工黨（Communist Labor Party），被起訴定罪的原因是她參加了鼓吹「違法工聯主義」（criminal syndicalism）的團體，而這是指摘激進團體的用語。她被判在聖昆丁（San Quentin）監獄服一到十四年的未定刑期。布蘭迪斯為本案撰寫了一份意見書，霍姆斯 參與了該意見書。在許多人眼中，這是言論自由訴訟案最偉大的一篇司法陳述。其中一段寫道：

為我國爭得獨立的先賢……相信幸福的秘訣在於自由，而自由的秘訣在於勇氣。他們相信，思其所欲、言其所思的自由，是發掘與傳播政治真理所不可或缺的工具。他們相信，沒有自由言論與自由集會的權利，縱有公共討論亦屬枉然，有了言論與集會自由，公共討論大抵便能有效阻止有害理論的傳播。他們相信，自由最大的威脅是怠惰的人民。他們相信，公共討論是一種政治責任，也應該是美國政府的一個基本原則。他們體認到所有人類制度都要面對一些風險，不過他們也知道社會秩序不能只靠對違規受罰的恐懼來維護；阻撓人民思考、懷抱希望與發揮想像力，有害而無益；恐懼生壓抑，壓抑生憎恨，憎恨將危及政府的穩固……他們相信公共討論所運用的理性力量，因此避免以法律強制造成沉默——這種沉默是以權勢壓制說理的最糟糕形式。他們體認到執政多數難免偶有暴政，因此修正憲法以確保言論與集會自由。

> 僅只是因為恐懼會有嚴重的傷害，不足以正當化對言論與集會自由的壓迫。人們以往因為懼怕女巫而用火刑焚燒女人……[39]

布蘭迪斯的意見書雖然在當時不代表法律，還是幫了惠特尼一把。在最高法院駁回惠特尼上訴的一個月之後，加州州長克萊蒙・楊（C. C. Young）赦免了她，並且在赦免聲明中大幅引用布蘭迪斯的不同意見書。

（在亞伯拉姆斯案敗訴的四名激進分子則有不同命運。他們在一九二一年獲釋，條件是必須回到蘇聯。史坦默與雅各・亞伯拉姆斯〔Jacob Abrams〕在列寧暴政下慘澹度日，後來移居墨西哥。海門・拉喬斯基〔Hyman Lachowsky〕與山繆・李普曼〔Samuel Lipman〕留在蘇聯，結果分別死於蘇維埃與納粹的恐怖統治）。

至於第三份傑出的不同意見書出自一九二九年的美國訴施維默案（*United States v.*

Schwimmer）。羅絲卡・施維默（Rosika Schwimmer）是匈牙利移民，也是和平主義者，當時正申請歸化美國籍。入籍規定要求她宣示會為了保衛美國拿起武器，但身為和平主義者的她拒絕了。她的公民權申請因此被否決，最高法院也維持這個決定。霍姆斯大法官當時已高齡八十八歲，他表示施維默拒絕為此宣示無關緊要，「她是年紀超過五十歲的女性，就算她想也不會有人讓她拿武器」。他表示自己不贊成施維默的和平主義立場，也不認為「從哲學角度看世界，會視戰爭為荒謬之舉」。不過他總結自己的意見如下：

她的某些回應可能會招來常見的偏見，但若說憲法有任何原則比其他原則更要求我們忠誠擁護，非思想自由的原則莫屬——除了贊同我們的思想，我們所憎惡的思想也應享有自由。我認為我們應該堅持這個原則，不僅對在我國境內居住者應該如此，對申請進入我國者也應該如此。回到否決該名申請人歸化的法院意見，我會說貴格派教徒*已為我國今日景況貢獻己力，許多公民亦認同該申請人信念，而且到目前為止，我也不認為我們因為無能將這些人驅逐出境而感到遺憾，因為他們比我們有些人更堅信登山寶訓**的教誨。[40]

最後在此說明我為何會讀到霍姆斯大法官的施維默案意見書。一九六〇年前後，我替《紐約時報》撰寫有關最高法院的報導，曾與費利克斯・法蘭克福特（Felix Frankfurter）大法官在他的辦公室裡聊天。言談間他為了證明自己的說法，突然起身走到房間另一頭，從收納《美國聯邦最高法院判決集》（*United States Reports*）的書架上抽出其中一本，翻開來遞給我。當時他給我讀的就是霍姆斯對美國訴施維默案的不同意見。當我讀到以「登山寶訓」做結的最後一段，不禁毛骨悚然。

* 編註：貴格派教徒反對任何形式的戰爭和暴力。

** 編註：登山寶訓為《聖經・馬太福音》第五章到第七章裡耶穌基督在山上所說的話，常被認為包含了基督教最核心的誡命。

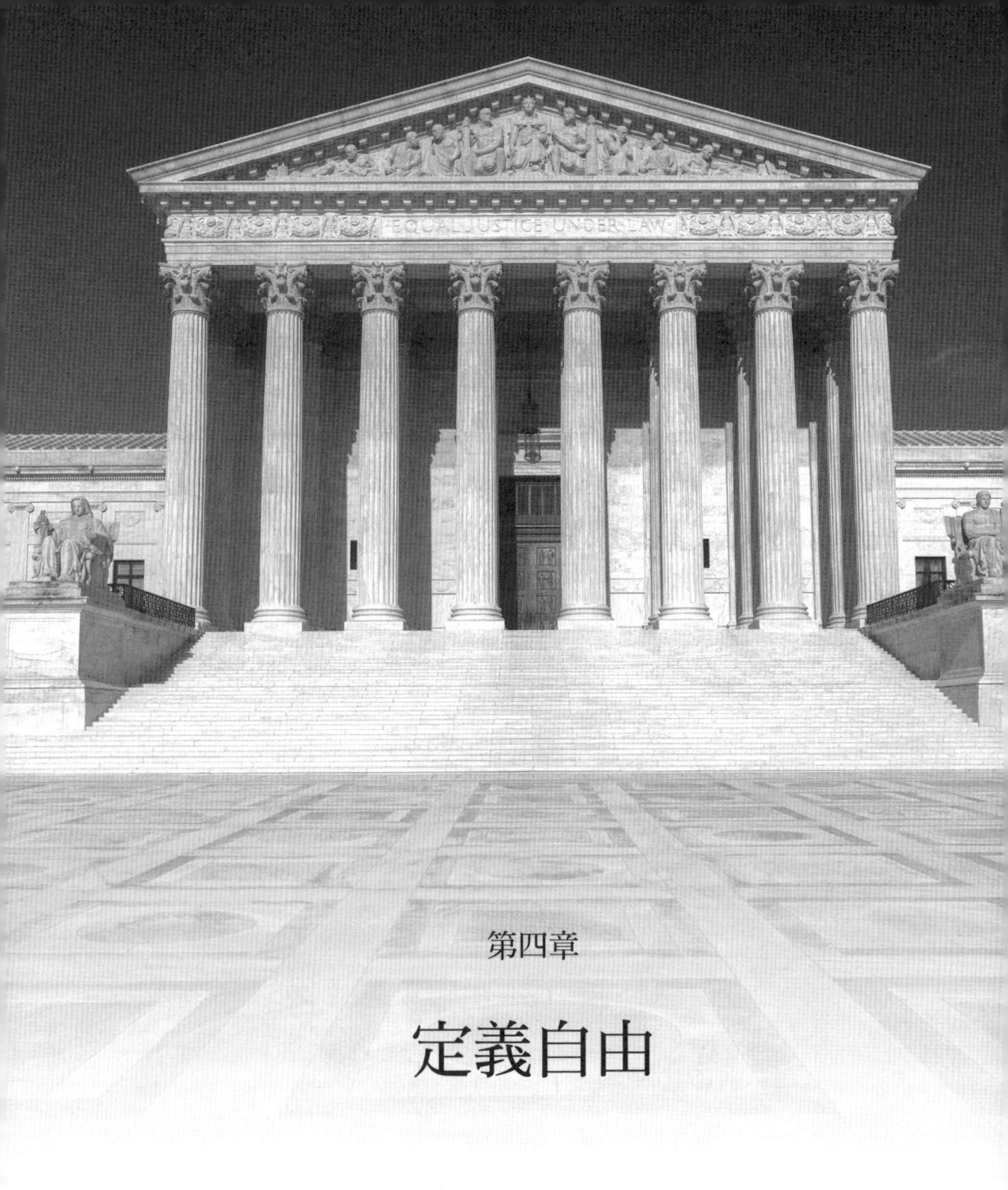

第四章

定義自由

「我國所堅定承諾的一項基本原則……

就是針對公共議題的辯論，應無限制、強而有力、完全開放，

其中也包括對政府與政府官員所為之激烈、苛刻，有時也令人不快的尖銳抨擊。」

——布倫南大法官——

釐清條文的真義

美國最高法院的多數大法官開始落實憲法對言論自由的保障，始於一九三一年的史通伯格訴加州案（*Stromberg v. California*）。當時加州有條法律禁止公開展示「象徵、代表，或可視為反對政府組織之符號」的紅旗，而最高法院經由史通伯格案判定該法律違憲，也是有史以來首次以憲法增修條文第一條之名這麼做。首席大法官休斯在一年前剛進入最高法院，而他為這個以七比二通過的決議寫下意見書。休斯寫道：「為使政府向民意負責、改革可循合法手段達成，維護自由公共討論的機會乃是我國憲政體制的基本原則」。[41]他的修辭雖不如霍姆斯或布蘭迪斯動人，但仍與他們的前提相符：言論自由是美國基本價值，為防範微弱且遙遠的有害傾向而加以壓制，是不能容許之事。

最高法院一旦開始將增修條文第一條視同法律來落實，就面臨一項新的任務：以一個又一個的案件來確定這條增修條文的文字有何意涵。聽起來可能很簡單，畢竟「國會不得制訂法律……剝奪人民言論自由或出版及新聞自由」這個指令再直接了當不過。但事實上，要賦予這段文字具體意義，是一件令人卻步且永無休止之日的差事。增修條文第一條看似涵蓋了一切，但它的意思真的是法律不能限制任何言論或文字嗎？恐怕不是。勒索也是藉口頭或書面進行，不過增修條文第一條並不保護勒索犯；用暴力要脅以遂己意的歹徒也不在其列。增修條文第一條也不允許未經授權即出版他人受著作權保護的作品。

另一方面，增修條文第一條向來被解讀為會保護某些不是形諸於語言或文字的行動，史通伯格案就是一個例子。葉塔・史通伯格（Yetta Stromberg）並未使用言詞，而是因為攜帶紅旗而被起訴。最高法院認為這是「象徵性言論」（symbolic speech），從此以後也陸續出現一長串訴訟案，涉案的表意行為都被判定應受保護。其中著名的一例是一九八九年的德州訴詹森案（*Texas v. Johnson*）：被告在政治示威遊行中焚燒美國國旗，被判定有罪，不過最高法院基於增修條文第一條推翻了原判。[42]

所以說，法官究竟該如何解讀增修條文第一條呢？方法之一，是回頭檢視它的起草人麥迪遜和一七九一年投票通過這條條文的議員有何想法。畢竟他們禁止了國會「剝奪言論自由……」（abridging the freedom of speech...），而原文中的「the」可以解讀為當時世人認可的自由言論概念所涵蓋的範圍。

這種取向的問題，或是問題之一，在於我們完全不明白增修條文第一條的制訂者的心思。目前就我們所知，國會審查紀錄完全沒有述及自由的定義，至於在各州投票批准這項條文的州議員，我們也無法從他們的看法得到任何有用的指引。

事實很顯然：那些帶給我們增修條文第一條的人並未提供該條應如何解釋適用的詳細準則，也不打算提供。他們刻意寫出一條解釋空間很寬廣的增修條文——正如同霍姆斯大法官在亞伯拉姆斯案不同意見書中所寫的，一個「全面禁止的飭令」——留待後人可以將它對自由的寬廣規定適用於各種特定情境。

為了解答憲法問題而依賴一七九一年或一七八七年的史料只是徒勞，霍姆斯本人也就此下了個經典的註腳，在一九二〇年寫道：「當我們處理的文字也是一種憲法條款，例如美國憲法，我們一定要明白，這些文字所要適用的現實，是憲法起草人當中最具才情者，也無法完全預見到的發展……我們必須根據我們所有的經驗來考量眼下案件，而不是僅僅參考百年前的人有何表示。」[43]

首席大法官休斯也在一九三四年談到這個課題：「如果我們說，憲法在生效之初的涵意就是它在今日的涵意，言下之意是那些偉大的憲法條款有何涵意，必定得限於制憲者根據當時情境與觀念所做的解釋，而這種說法本身就自我矛盾。」[44]

休斯寫出這段文字的五十年後，一場法律運動就基於他認為顯然錯誤的這種立場展開。這場運動的支持者包括某些法官與教授，而他們以「原意主義者」聞名於世，因為他們倡導的就是讓憲法條款回歸制訂之初的「原意」。他們的論點是，憲法有數不盡的可能解釋，而唯一能避免法官在解讀憲法時注入個人好惡的方法，就是檢視制憲者的意圖。原意主義最知名的旗手是最高法院的安東寧・史卡利亞（Antonin Scalia）大法官。他與其他原意主義者都陷入前述的困境，也就是在尋覓某個憲法條款的作者或支持者有何初衷時，發現他們不只沒表達過原意，甚至壓根沒想過我們今日遇到的課題。史卡利亞大法官堅決擁護表意自由，不過他在援引增修條文第一條時，往往沒有參照任何制憲者的原意。例如，他也是當年認為禁止焚燒國旗的法律違憲的多數大法官之一。

雨果・布萊克（Hugo L. Black）大法官長年任職於最高法院（一九三七—一九七一年），也以力挺表意自由聞名，而他另闢蹊徑來限制法官釋憲的自由裁量權。他說，他將增修條文第一條視為「絕對準則」（an absolute），禁止官方對表意加諸任何限制。但是布萊克大法官偶爾也能找到支持限制的理由，例如在不恰當場合發表的言論，或是系爭的言論不真正是言論。在一九七一年的科恩訴加州案（*Cohen v. California*）中，一名反越戰示威的年輕人穿了一件寫有「幹他媽的徵兵」（Fuck the Draft）的夾克，被加州政府告上法庭，而最高法院認為這種抗議行為應受增修條文第一條保護；不過布萊克參與的不同意見書，稱系爭的抗議行為是「荒唐幼稚的可笑之舉……只是一種行動，而非言論」。[45]

布萊克大法官像。圖片來源：維基百科。

尼爾案：新聞不再受事前審查

我們在解釋適用憲法增修條文第一條的數十年間也遇到一個很重要的課題：它是否給予不實陳述（false statements）任何保護？早年案件的癥結都是關於信念與意見（beliefs and opinions），無法用真偽來評判——借用霍姆斯在亞伯拉姆斯案不同意見書中所述，這些只是「意見與規勸的表達」。不過，關於事實的陳述又將如何？如果陳述有誤，還有權受憲法保護嗎？

一九二五年，因為議員與其他政府官員頻頻遭到八卦報紙攻擊，明尼蘇達州議會決定讓那些報社關門大吉。他們通過了名稱古怪的《公共妨擾法》（Public Nuisance Law），賦予法院有權勒令關閉任何「刊載惡意、醜聞與詆毀性新聞之報社」。根據這項法律，報社有權自我辯護，只要他們能證明所刊載的是真實——但還有一個條件，他們必須是「出於良善動機、為了正當目的」而發表那些內容。這個條件賦予法官評估出版者人品的餘地，大幅抵銷了真實抗辯的效力。

一九二七年，由傑伊．尼爾（Jay M. Near）發行的《週六新聞》（*Saturday Press*）週報成為這項法律的懲處對象。尼爾對猶太人深惡痛絕，他的報紙經常指控猶太幫派與官員勾結、腐化政府。《週六新聞》只出刊九期就被法院勒令停業。尼爾向明尼蘇達州最高法院上訴，結果遭到駁回，該州最高法院表示：「我國憲法所保護者，乃是誠實、謹慎且自律的新聞媒體。惡意、醜聞與詆毀言論若內容不實，或出於不良動機、不為正當目的發表，絕不在其列。」

其他信譽卓著，自詡誠實、謹慎且自律的明尼蘇達報社，對尼爾身陷的困境毫無關切興趣。不過還是有人體認到這件事：讓法官來決定誰是良善出版者，將會扼殺新聞自由。那個人是羅伯特．魯斯佛．麥康米克（Robert Rutherford McCormick），《芝加哥論壇報》（*Chicago Tribune*）保守又暴躁的發行人，而他決定出手幫助尼爾。麥康米克的律師魏茂斯．柯克蘭（Weymouth Kirkland）將本案上訴至聯邦最高法院。

時任明尼蘇達司法部副部長詹姆斯．馬坎（James E. Markham）代表州政府出庭尼爾訴明尼蘇達州案（*Near v. Minnesota*）。[46]因為尼爾是反猶分子，馬坎原本可能指望布蘭迪斯大法官會站在自己這一邊。不過取得全部九期《週六新聞》並悉數閱畢的布蘭迪斯大法官告訴馬坎，尼爾是想揭發「罪犯與公職官員的勾結」，又說，我們知道「光是有這種犯罪勾結行為的存在，就有辱我國某些城市」。布蘭迪斯表示，報紙揭發這類事件肯定會涉及名譽中傷，而其內容如果有誤，也能依誹謗罪追訴。

這就是最高法院最後判決的根據。一九三一年，最高法院以五比四的些微差距判決《週六新聞》的禁令違反增修條文第一條，而該條因憲法增修條文第十四條規定而適用於州法。這是美國新聞自由的一個轉捩點。

首席大法官休斯在所撰寫的多數意見書中，表示尼爾承受的禁令屬於布萊克斯通反對的那種事前限制。他引用麥迪遜對新聞自由之必要所做的評論，寫道：「生命與財產的基本保障因為勾結犯罪與公職疏失而蒙受損害，突顯出保持警覺且無畏的新聞媒體是社會的根本需求，於好的城市而言尤其如此。」《芝加哥論壇報》後來在芝加哥興建論壇報大樓（Tribune Tower），麥康米克就把這段話銘刻在新大樓的大廳裡。

本案四位持不同意見的大法官也發表了不同意見書，由皮爾斯．巴特勒（Pierce

Butler）大法官執筆，引用了備受敬重的前最高法院大法官約瑟．史多瑞（Joseph Story）以憲法為主題的專論所言。史多瑞表示，增修條文第一條的意思只是「人人均應享有自由權利，發表真實、動機良善且為正當目的之內容」——這正是明尼蘇達州法律主張的條件。史多瑞又表示，該增修條文「如果沒有這樣的限制，可能成為共和體制的禍端……因為駭人的新聞會使得最高尚的愛國者也遭人憎恨，導致一種最糟糕的專制」。我們當代對新聞業的批評，說得不能比他警告的「駭人」與「專制」更好了。

前面對尼爾案的敘述取自費德．范德立（Fred Friendly）的傑作《明尼蘇達小報紀事》（*Minnesota Rag*）。[47] 范德立曾任哥倫比亞廣播公司（CBS）的主管，是知名新聞人愛德華．默羅（Edward R. Murrow）的同事，後來成為福特基金會副主席。他在撰寫這本書期間有過一次小插曲，為尼爾案畫下發人深省的句點。某天范德立在福特基金會午餐時，提到他正在寫這本書。時任杜邦公司執行長的艾文．夏畢洛（Irving Shapiro）是基金會董事，結果他走過來告訴范德立他認識尼爾這個人，讓范德立大吃一驚。夏畢洛的父親曾經在明尼亞波利斯市開乾洗店。有一天，一群幫派分子走進店裡索討保護費，夏畢洛先生拒絕後，他們就對店裡掛的衣服潑強酸。艾文當時年紀還小，在店面後頭目睹了這一幕。當地信譽卓著的報社沒有一家報導這件事，不過尼爾來了。他撰文公開這宗攻擊案——後來這些幫派分子被依法起訴。范德立也在書裡交代了這則故事。[48]

尼爾訴明尼蘇達州案至今仍是美國新聞自由的屏障。因為該案的判決，從此以後旁人就很難說動法官對新聞媒體發出事前限制令。但英國法律就完全是另一回事了，法院常因為有人宣稱自己會遭到某書誹謗而禁止該書出版。

在尼爾案判決定讞僅僅五年後，那些執不同意見的大法官也放棄了反對立場。休伊・朗（Huey Long）是路易斯安那州長，作風專斷且訴諸民粹，為了懲罰批評他的報紙而開徵報業稅。最高法院在一九三六年的格羅斯讓訴美國新聞公司案（*Grosjean v. American Press Co.*）一致通過，判定這種報業稅違憲。撰寫法院意見書的是喬治・薩瑟蘭（George Sutherland）大法官，在一九三一年執不同意見的四名保守大法官之一，而他在意見書中引用了尼爾案。這份意見書以新聞使人民知情的功能為立論基礎，而這是布蘭迪斯在尼爾案提出的觀點，也是首席大法官休斯在意見書中闡述過的立場。薩瑟蘭寫道，人民有權「就政府的各種作為或錯誤行為獲得完整資訊；對政府惡行的所有約束中，從充分資訊中產生的輿論是最有效的一種」。[49]

休斯的尼爾案意見書並未排除所有事前限制。他表示，政府無疑有權阻止「軍隊調派的船運日期、人數與駐紮地等資訊的公開」。四十年後，美國發生了史上關於新聞自由最嚴重的衝突之一——五角大廈密件案，而休斯這段話（人稱「尼爾案例外」）也成為該案的癥結。一九七一年六月，《紐約時報》公開一系列最高機密文件，內容是美國政府的越戰秘密紀錄。當時戰爭仍在進行，尼克森總統堅稱這些報導會威脅國家安全，法院也暫時禁止媒體公開這些文件。五角大廈密件是否達到休斯所謂「軍隊調派的船運日期」的標準？律師與法官對此展開激辯。

最高法院受理《紐約時報》訴合眾國案（*New York Times v. United States*）僅僅兩週後，就以六比三的票數做出判決：《紐約時報》與其他報紙可以恢復報導五角大廈密件。本案有十份不同的意見書，立場各異，其中最強而有力，無疑也最歷久不衰的一份出自布萊克大法官，這也是他在同年夏天病重過世前寫的最後一份意見書。他寫道：

新聞媒體受〔憲法增修條文第一條〕保護，遂能揭露政府機密，使人民知情。唯有自由不受拘束的新聞媒體才能有效揭發政府的欺瞞行徑。自由的新聞媒體所背負的諸多責任當中，首要之務是防範政府的任何部門矇騙人民、將人民遣送到遙遠的土地上，讓他們死於異國的熱病與槍彈。個人以為，《紐約時報》、《華盛頓郵報》與其他報紙絕不該因勇於報導而遭受非難；他們是為了達成開國元勳所洞悉的目標，理應受到表揚。這些報紙揭發導致越戰的政府活動，正是高尚地達成了開國元勛期望並託付他們履行的職責。50

因為尼爾案的判決，作者往後可逕行發表具有傷害性的陳述，不必在出版前先證明內容屬實；除了罕見而極端的例外，法官必須駁回未檢驗陳述內容的性質就加諸事前限制的請求。不過，如果是在公開發表後提起誹謗訴訟呢？被報章雜誌攻擊的對象能要求作者或發行單位證實內容的真實性嗎？一九六四年，最高法院透過《紐約時報》訴蘇利文案回答了這個問題。這是他們審理過最具戲劇性、影響也最深遠的增修條文第一條訴訟案。

蘇利文案：新聞掙脫誹謗罪的枷鎖

蘇利文案的起因與南方民權運動有關。民權運動領袖小馬丁·路德·金恩博士堅信，北方人民只要見證到種族隔離與歧視之殘酷，一定會起而抵制。許多美國人對種族主義的殘酷現實所知極少，所以金恩博士的運動策略是走聖雄甘地的非暴力路線，在抗爭的同時向美國人揭露種族主義的真相。新聞媒體（報章雜誌與廣播）在這樣的策略中扮演關鍵角色，負責把實況帶進全國閱聽大眾家中。

一九六〇年三月二十九號，《紐約時報》刊登了一則金恩博士支持者的廣告。[51]那天是高等法院透過布朗訴托皮卡教育委員會案（*Brown v. Board of Education*）判決種族隔離教育制度違憲的六週年，不過在當時的深南方（Deep South）*各地，不只是中小學，就連州立大學都仍繼續施行黑白分校的隔離教育制。在某些州黑人如果想投票，會遭受威脅恐嚇或謀殺暴力。

那則廣告說，心懷種族主義的南方政府官員使用違法手段對付民權運動，例如用莫須有的罪名七度逮捕金恩博士，並且不當對待抗議人士。廣告並未提及任何姓名，只以「違憲的南方人士」相稱。不過，阿拉巴馬州蒙哥馬利市負責警政的市政

The New York Times.

"The growing movement of peaceful mass demonstrations by Negroes is something new in the South, something understandable.... Let Congress heed their rising voices, for they will be heard."

—New York Times editorial
Saturday, March 19, 1960

Heed Their Rising Voices

Your Help Is Urgently Needed . . . NOW !!

Please mail this coupon TODAY!

COMMITTEE TO DEFEND MARTIN LUTHER KING AND THE STRUGGLE FOR FREEDOM IN THE SOUTH
312 West 125th Street, New York 27, N. Y. UNiversity 6-1700

《紐約時報》刊登的廣告。圖片來源：維基百科。

＊編註：深南部並沒有絕對的標準，但一般來說是指阿拉巴馬、喬治亞、路易斯安那、密西西比州與南卡羅萊納。

委員蘇利文（L.B. Sullivan）還是對《紐約時報》提起誹謗訴訟。他聲稱別人能指認他是其中一名「違憲人士」，因為他是督導蒙哥馬利市警察業務的負責人，那則廣告又控訴該市警察濫用職權。

當時南方白人的敵意高漲，代表《紐約時報》從紐約南下出庭的律師甚至被建議用假名入住距蒙哥馬利四十英里（編按：約六十四公里）的汽車旅館，以策安全（出身阿拉巴馬州的布萊克大法官在該案一份協同意見書中表示，要是蒙哥馬利市的白人無意間看見那則廣告，並聯想到蘇利文市政委員，蘇利文的「政治、社會與經濟地位很可能會更為提高」。）

這件訴訟案在州級法院開庭，主審法官是華爾特．瓊斯（Walter B. Jones）。瓊斯是南方邦聯（Confederacy）的忠實支持者，還曾在邦聯創立紀念日那天，讓陪審團穿著邦聯軍服出席他主審的庭訊。他判決那則廣告構成誹謗，只把兩個問題交給陪審團決定：那則廣告是否在指涉蘇利文，若果真如此，他又該獲得怎樣的損害賠償？結果陪審團完全滿足了蘇利文的要求——判賠五十萬美元，在當時是阿拉巴馬州史上最高額的誹謗案損害賠償金。

根據阿拉巴馬州法律，任何被控誹謗的公開發表內容都會被預先推定為不實，發表人需負責證明內容屬實。這種所謂的「舉證責任」（burden of proof）至關重要，因為要證明言論內容屬實可能非常困難。這是普通法體系中的誹謗案通則，至今也仍是英格蘭法律的通則——英國報章雜誌被控誹謗時經常放棄抗辯、和解了事，這就是原因之一。蘇利文案發生時，這仍是許多州的法律規定，不只有阿拉巴馬州。

阿拉巴馬州等地遵循的另一個誹謗案通則，是推定原告必定蒙受損害。在醫療過失等其他民事賠償訴訟案中，原告必須證明自己蒙受實質損害，例如事業生涯遭到打擊。在誹謗案中原告卻不必這麼做，只需說明系爭的出版品可能傷害其名譽即可。

誹謗案的第三個通則是推定發表人有過錯。在其他損害賠償訴訟案中，例如醫療過失，原告必須證明醫生並未遵循標準規範執業而導致過失。不過在普通法規定下的誹謗訴訟案，發表人是大意失言或犯了其他錯誤都無關緊要。即使他已盡力求證，如果無法證明內容真確無誤，都要付出代價。律師稱這是誹謗法的「三級跳推定」（three galloping presumptions）。

《紐約時報》不能證明那則廣告在各方面都真實無誤，因此無法滿足法院要求。該報承認廣告內容有某些失實之處，例如金恩博士只被逮捕過四次而非七次，某間黑人大學的餐廳也沒有被上鎖。因此，根據阿拉巴馬州法律，瓊斯法官判決這則廣告構成誹謗。

那筆五十萬美元的損害賠償金對《紐約時報》是一記沉重的打擊，他們在一九六〇年只勉強打平開支。更有甚者，蒙哥馬利市的其他市政委員與阿拉巴馬州州長約翰．帕特森（John Patterson）也針對那則廣告提起訴訟，其中一名市政委員很快又獲陪審團判得五十萬美元損害賠償金。《紐約時報》的首席法律顧問詹姆斯．顧戴爾（James Goodale）後來表示，當時他們很可能要付出三百萬美元的代價，足以讓該報關門大吉。不過，比起《紐約時報》的財務危機，這件事對民權運動的影響更重大。不只《紐約時報》，所有全國性的新聞機構都可能因本案而畏懼司法風險，不敢對民權運動加以報導。的確，發動那場官司的人心裡可能就有這個盤算。《蒙哥馬利廣訊報》（*Montgomery Advertiser*）刊登過一篇文章，題名是〈州政府獲司法利器相助，棒打外州媒體〉，而該報編輯小格羅夫・霍爾（Grover C. Hall Jr.）恰好是蘇利文市政委員的朋友。所以說，這件訴訟案讓金恩博士把種族主義攤在國人面前的策略岌岌可危。在最根本上，也動搖了增修條文第一條保障人民知情的目的。

《紐約時報》把本案上訴至最高法院。看在現代人眼裡，這個案子輕易就能勝訴：那則廣告壓根沒提到原告的名字，卻被加諸沉重又充滿威嚇意味的誹謗判決。不過這場官司在當時一點都不簡單，因為直到那時為止，誹謗都被排除在增修條文第一條的保護之外，誹謗判決從來沒有被認為是違反憲法對言論與新聞自由的保障。

《紐約時報》聘請哥倫比亞大學法學院教授賀伯特・威克斯勒（Herbert Wechsler）為辯護律師。這個案子是棘手的挑戰。他必須請求大法官做一件法院絕對不情願做的事：推翻司法史上相沿已久的作法。威克斯勒決定用另一段歷史紀錄來與這項歷史傳統正面對決：也就是一七九八年的《反煽動叛亂法》。他主張，阿拉巴馬州用於這個案子的誹謗法，其對批評政府官員者之懲處與《反煽動叛亂法》如出一轍。他也表示，《反煽動叛亂法》雖然從未經最高法院檢驗，不過選民在一八〇〇年投票換下亞當斯總統、讓反對該法的傑弗遜上臺，就事實證明了它是違憲的。

威克斯勒主張，對政府官員的批評無法用真實與否來檢驗，讓任何不實陳述都構成誹謗，會嚇阻新聞媒體與個別公民出言批評，唯恐出錯受罰。他告訴最高法院：「強迫新聞媒體減少關注本國所面臨的最迫切的課題，以為藉此可以維護憲法所珍視的價值，這在我們的時代行不通——在任何時代也都行不通。」

小威廉・布倫南（William J. Brennan Jr.）大法官在本案言詞辯論時問威克斯勒，增修條文第一條對批評官員的保護是否有「任何限制」，也就是說，威克斯勒是否主張這類批評享有絕對不可侵犯的權利。威克斯勒坦然承認，他說：「如果我遵循詹姆士・麥迪遜的教誨，我必須說不存有限制的念頭。」波特・史都華（Potter Stewart）大法官也問他，如果有份報紙指控一名官員收賄，他是否也會提出同樣主張。威克斯勒回答：「我肯定會。在麥迪遜起草法案的那個歷史性時期，針對賄賂的指控也很常見，而這種新聞自由就是他想透過增修條文第一條予以保護的。」

一九六四年三月九號，布倫南大法官發表了最高法院意見書。這是《紐約時報》一次決定性的勝利，言論與新聞自由的價值也獲得全面肯定。布倫南大法官援引麥迪遜、漢德法官與布蘭迪斯大法官的主張，採用他們的觀點來釋憲。他表示：「於論斷本案時，應以我國所堅定承諾的一項基本原則作為判決基礎。該原則就是：針對公共議題的辯論，應無限制、強而有力、完全開放，其中也包括對政府與政府官員所為之激烈、苛刻，有時也令人不快的尖銳抨擊。」

布倫南大法官把一七九八年《反煽動叛亂法》置於他分析本案的核心。他說，《反煽動叛亂法》所引發的爭議「首度具體顯現出舉國所認知的增修條文第一條核心要義」——也就是人民有權利對麥迪遜所謂的「公共人物與公眾事務」予以批評。布倫南表示，「雖然《反煽動叛亂法》從未經最高法院檢驗，從問世的那

小威廉・布倫南大法官是堅定的自由主義者，常被認為是二十世紀美國最高法院最具影響力的大法官之一。圖片來源：維基百科。

一天起，其合法性就不斷受到歷史的法庭的質疑。」《反煽動叛亂法》就這麼在失效一百六十三年後被判定違憲。

讓誹謗訴訟的被告證明自己的批評屬實就能免於損害賠償，這還是不夠。布倫南大法官表示：「想對官員行為提出批評的人，即使別人會相信他們的批評為真，即使那些批評也確實為真，他們仍可能擔憂是否能在法庭上提出足夠證明，或是害怕發言的代價，因此不敢發表批評。」眾議院在一七九八年討論《反煽動叛亂法》時，尼可拉斯眾議員的論點也是如此。

不過，布倫南大法官並未同意麥迪遜和威克斯勒的所有見解。他並沒有說增修條文第一條賦予批評政府官員的絕對權利。反之，他認為除非政府官員能證明批評者明知所言不實（也就是刻意撒謊），或是「輕率疏忽而不顧」所言內容之真偽，仍公開發表該不實且損及其名譽的批評陳述，否則就不能因為被批評而獲得誹謗損害賠償。至於什麼是「輕率疏忽而不顧」，透過後續訴訟案的判決，法院將其定義為作者或出版者雖意識到陳述可能不實，仍加以發表。

最高法院有六名大法官參與了《紐約時報》訴蘇利文案的多數意見。布萊克、威廉·道格拉斯（William O. Douglas）、亞瑟·郭德堡（Arthur Goldberg）這三名大法官另外發表了協同意見書，表示他們其實應該更進一步，駁回所有官員針對其公務行為所遭到的批評所提出的訴訟。布倫南大法官沒有同意他們，而這曾經讓評論人士很納悶。蘇利文案判決出爐時，麥卡錫參議員剛結束政治生涯不久。他擅長以煽動說詞指摘別人是共產黨員或是對國家不忠，就連前國務卿喬治·馬歇爾（George C. Marshall）將軍這樣德高望重的人物也不能倖免。布倫南從來沒有提過麥卡錫所造成的問題，不過在蘇利文案判決定讞一年後，他曾在一場演講中說：

> 不論在今天或是增修條文第一條入憲的時代，都有一些夠恣意妄為也夠有手腕的人，會拿刻意或輕率的謊言當成有效的政治工具……那些為達成政治目的而發表的言論，並不會使自己自動置於憲法的保護傘之下。已知是謊言，仍加以利用，不僅違反了民主政府的基本前提，也違背了實現經濟、社會或政治改革所需之有序行

為方式。[52]

《紐約時報》訴蘇利文案讓美國的誹謗相關法律產生徹底變革。一直以來，大多數的誹謗訴訟案原本只是州級法律事務，現在成為觸及聯邦憲法的議題。在普通法規定下，誹謗訴訟被告必須背負舉證的重擔，現在這個傳統準則被推翻了；從蘇利文案以降的判決明確昭告世人：原告想打贏官司，必須證明相關陳述不實——此外也要證明作者或出版者不是無心之失，而是有意犯錯。

其他國家的法律也受到影響。在一九六四年之後的多年間，不少外國法院都調整了他們的誹謗法，為發表批評的作者提供更多保護。就連等同英國最高法院的上議院也從善如流。只不過，沒有任何一國比布倫南大法官判決所闡釋的法律規則走得更遠。

本案判決對美國造成的立即影響是解放了新聞媒體：他們不用再擔心無窮盡的誹謗訴訟，而得以專注報導南方種族問題。正如同金恩博士的期望，看在許多北方人眼裡，民權運動人士承受的暴力彰顯出種族主義的野蠻本質。電視畫面告訴觀眾，黑人幼童想進入解除種族隔離的學校就讀，卻被成年男女用下流的言語大聲辱罵。耶魯法學院的亞歷山大・畢寇（Alexander M. Bickel）教授說：「道德之敗壞，這種制度之羞恥，讓人一覽無遺。」[53]

激憤的民情要求國會採取行動。國會也確實有所作為，在一九六四年宣布公共設施、校園與工作場合的種族歧視是違法行為，又在一九六五年通過《選舉法》（Voting Rights Act），終於讓美國深南方的黑人族群也能投票。該區政壇也開始轉變，黑人紛紛獲選為公職人員，大批南方民主黨人轉而投向共和黨。增修條文第一條完全發揮了當年麥迪遜期望的功效。在民主體制裡，言論與新聞自由壯大了公民的力量。

蘇利文案激起的漣漪不僅止於直接相關的種族問題。它在多年間鼓舞了美國新聞媒體，使他們更有勇氣挑戰官方版真相，而不只是擔任傳聲筒的角色。這種新興的新聞報導精神在十年內促成了兩項當代新聞媒體的重大成就：越戰與水門案的內幕因為犀利的報導公諸於世。遠赴越南的年輕記者發現美國參戰結果並不理想，也在報導中如實呈現。政府官員對各家媒體編輯與發行人大力施壓，希望他們約束自家記者，就連約翰・甘迺迪總統與林登・詹森總統都出手干預，不過新聞業沒有退讓。《紐約時報》在一九七一年決定公開五角大廈密件，就是這種新興精神的最佳代表。隔年，《華盛頓郵報》的鮑勃・伍德華（Bob Woodward）與卡爾・伯恩斯坦（Carl Bernstein）開始英勇地調查政府在水門案中的犯行。時任《華盛頓郵報》發行人凱瑟琳・葛蘭姆（Katharine Graham）遭官員威脅要砍掉該公司的電視頻道，不過她堅守立場。一九七四年，在新聞報導引起司法調查後，尼克森總統被迫辭職下台。

在後續案件中，最高法院將蘇利文案的判決加以延伸應用，除了政府官員，「公眾人物」若想贏得誹謗損害賠償，也必須證明被告刻意造假或輕率疏忽而不顧所言真偽。[54]最高法院對「公眾人物」的定義除了電影明星這類家喻戶曉的人物外，也包含涉入公共議題「爭議漩渦」的人，例如在地方都市規劃爭議中具有影響力的公民。愈來愈多誹謗案原告必須承擔舉證之重任，新聞媒體自然是樂觀其成，不過，我個人一向對此有所保留。如果一份八卦小報刊出某位女影星的聳動報導，而她就此提起誹謗訴訟，為什麼她該通過與政治人物同等級的考驗？她與蘇利文案判決提到的「增修條文第一條核心要義」，也就是批評政府官員的權利，又有什麼關連？

部分政治人物嚴厲譴責蘇利文案的判決，說這個案子害他們的日子愈來愈不好過。事實絕對如此。該案判決或許助長了近年來美國大眾的言論的鄙俗化，我們每個人也都受這種變化波及。哥倫比亞大學與維吉尼亞大學的文森．布拉西（Vincent Blasi）教授是研究增修條文第一條的專家，他就這麼表示：「今天的談話節目尺度大開、對求證漫不經心，就是蘇利文案帶來的產物。」你幾乎可以對公共人物發表任何言論，而不用擔心付出賠償代價。

談話節目與部落格語不驚人死不休的作風，絕對有可能令人鬱悶，不過這與麥迪遜的年代的情形相去不遠。當時的報紙黨派立場分明，經常口無遮攔。傑弗遜在當了六年總統後寫信告訴一名友人：「如今報上寫的東西全都不能置信。在那一團烏煙瘴氣裡，就連真相本身都會變得可疑。」[55]

無論眾人對《紐約時報》訴蘇利文案怎樣意見分歧，有一點非常清楚：在美國，謀叛誹謗的思維總算因為該案判決而終結。這件事不可小覷。即使在二十一世紀，仍有許多國家會以損害政治領袖威信為由起訴人民。曾有一名土耳其公民前去參觀現代土耳其國父凱末爾的故居，在訪客留言簿上拿當時的土國首相與國父相較、寫下貶斥首相的評語，因此被處以高額罰鍰。一九九五年到二〇〇五年間，在印尼、馬來西亞、史瓦濟蘭與巴基斯坦，都有公民因為謀叛誹謗法或類似的法律遭到起訴，就因為他們對政府官員或機構出言相評。二〇〇六年，俄國在刑法中納入新規定，將「對履行俄羅斯聯邦官方職責之人員公開詆毀」納為犯罪行為，最高可處三年徒刑。[56]

亞歷山大・米克爾約翰（Alexander Meiklejohn）是美國多年來主張不限制政治言論的偉大倡議者。他堅信謀叛誹謗的概念違背了公民在民主體制裡的角色。當蘇利文案判決出爐時，他已經高齡九十二歲，有人問他作何感想，而他的回答是：「這是值得上街跳舞慶祝的好時刻。」[57]

第五章

自由與隱私

「隱私權不僅是保護個人人身、住所、文件與財產的權利……
也是不受外界干擾的權利，個人自由選擇如何生活的權利，
以及免受攻擊、侵擾或侵犯的權利……」
——方特斯大法官——

希德斯案：隱私曝光的悲劇

闡明憲法增修條文第一條意涵的漫長努力，將言論自由與出版及新聞自由奠定為美國社會的基本價值。然而，它是否是至高無上的價值，在與其他價值衝突時，是否應予優先考量呢？這個問題在法庭和日常生活中一再浮現。各式各樣的利益都可能牽涉其中，例如：保護公平審判權利而免於淪為腥羶媒體的焦點，保護種族或宗教群體不受仇恨言論攻訐，以及國家安全的保障等等。而在所有衝突中，沒有什麼比隱私議題更個人、也帶來更強烈的痛苦。

試想有一名天才兒童，從小被專橫的父親拿來四處炫耀。他在長大成人後違抗父親，過著隱居避世的匿名生活。不過有個雜誌作者找到他，並且寫了一篇語帶嘲弄的曝光報導。被報導的當事人能以該雜誌毀了他的隱私為由，獲得損害賠償嗎？

這個讓當事人飽受折磨的例子，就是威廉．詹姆斯．席德斯（William James Sidis）的遭遇。[58]威廉生於一八九八年，從小被心理學家父親鮑里斯（Boris Sidis）強灌大量知識，十八個月大就能讀《紐約時報》，至少他父親是這麼說的。鮑里斯揠苗助長地嚴格訓練威廉，並提供簡報給媒體，將威廉的學習成就公諸於世。威廉在十一歲進入哈佛就讀，《紐約時報》形容他是「強迫性科學實驗下的輝煌成果」。

不出所料，威廉・席德斯開始抗拒名人光環，尋求隱遁度日。他在多年間避開媒體關注，直到一九三七年，《紐約客》（*The New Yorker*）雜誌刊出傑德・曼雷（Jared L. Manley）以他為主角撰寫的一篇文章，標題是〈小時了了，大未必佳？〉，還加了個副標「愚人節笑話」，拿席德斯恰好生於四月一號來開刀。[59]文中對席德斯多所鄙夷，提到他「古怪的笑聲」、他對奧克馬卡馬塞（Okamakamesset）印第安人風俗的興趣，還有他收集的電車轉乘券（席德斯確實匿名出版了一本《轉乘券收藏紀事》〔*Notes on the Collection of Transferstes*〕，他的傳記作家艾美・華勒斯〔Amy Wallace〕說那「可謂有史以來最無聊的書」。）曼雷也在文中形容席德斯在「破敗的波士頓南端（South End）的一間廊底小室」過著孤獨的生活。

席德斯控告出版社侵犯他的隱私。席德斯訴F－R出版公司案（*Sidis v. F-R*

Publishing Corporation）在一九四〇年由美國聯邦第二巡迴上訴法院做出判決，意見書由曾任耶魯法學院院長的查爾斯．克拉克（Charles Clark）法官執筆。格外深思體貼的克拉克在判決書中表達對席德斯的同情，說曼雷的文章「冷酷無情」，「殘忍地曝光一名已不再是公共人物的對象」，而且當事人「出於對隱私的渴望，做了令人同情的努力……以避開公眾審視」。克拉克表示，席德斯之所以會提訴，無疑是因為那篇文章讓他「遭到公開輕蔑與奚落」，導致「心靈痛苦不堪」。

不過，克拉克駁回了席德斯的申訴。他說法院「無法賦予個人隱私生活的所有細節均可免受新聞媒體刺探的絕對權利。」反之，「即使『公眾人物』此一地位有其可質疑與難以定義之處，凡有人曾成為公眾人物，或被迫成為公眾人物，法院會允許旁人對其『隱私』生活有一定限度的審視。」席德斯並未反駁那篇《紐約客》文章令他痛苦不堪的描寫之真實性，克拉克法官也表示法院因此必須允許文章發表，除非這些揭露「過於私密，且從受害人角度觀之是極度無正當理由，致嚴重違反社群公認之合宜觀念」。他總結道，在本案情形中，公眾要了解昔日神童的後續發展，實屬正當合法的利益。

克拉克法官筆下的「被迫成為公眾人物」，正是本案判決看來實在殘忍的原因。席德斯餘生都要承受公開訕笑，只因為父親強加於他身上的名聲。以上是克拉克法官為新聞自由與隱私權找到的平衡點。但他如果對本案的新聞從業方式有更多了解，結果是否會有所不同？

席瑟拉・柏克（Sissela Bok）在她撰寫的《秘密》（*Secrets*）一書中揭露了《紐約客》那篇文章出人意料的內幕。[60]我們以為是作者的曼雷並不存在，這其實是詹姆斯・瑟伯（James Thurber）的假名，瑟伯是《紐約客》最受推崇的作者之一。而且瑟伯顯然從未見過席德斯。那篇文章聲稱有個不具名的女人「近來成功採訪到他」，這教人不禁納悶，那名女子採訪時是否坦承她代表瑟伯出面，或是故作友善以親近寂寞的席德斯，好獲邀前去席德斯位於破敗的波士頓南端的住處、查看他的電車轉乘券收藏。這場官司在法庭開審時，瑟伯解釋他是想讓世人知道這些兒童後來如何受苦，以便「協助遏止美國逼迫天才兒童面對公開褒獎與詆毀的歪風」。不過柏克諷刺道，瑟伯的文章可看不出有此意圖，「有鑑於比起旁人，該文作者為席德斯再度引來更強烈的惡評，這種意圖更顯得薄弱。我們毋寧說，對那些成就不如預期又在單身公寓裡過著乏味生活的人，瑟伯表現出的是一種冷淡又帶消遣意味的輕蔑。」

第二巡迴上訴法院做出這個判決的四年後，失業又貧困潦倒的席德斯因腦出血過世，得年四十六歲。

席德斯案有個地方一定很令現代人困惑：克拉克法官的意見書沒有提到增修條文第一條。這是因為當時公認隱私如同誹謗，也不在增修條文第一條保護範圍內——這個觀點直到一九六四年的蘇利文案才有所改變。不過克拉克法官審案的方式完全等同於應用了增修條文第一條。他權衡了席德斯的隱私利益與自由評論的社會利益，認定後者更為重要，因為美國是一個讓人自由發言的社會。一旦成為公眾人物，不論是多麼不情願，都永遠成為新聞媒體可嘲弄的對象。

希爾案：隱私與自由孰輕孰重？

當隱私利益與增修條文第一條對自由表意的保障有所衝突，孰輕孰重？首次具權威性的斟酌此事，是最高法院在一九六七年所審理的時代出版公司訴希爾案（*Time, Inc. v. Hill*）。[61]這件訴訟案在很多方面都非比尋常：在本案中彼此衝突的利益之密切相關、最高法院判決的內部過程出人意表，以及最終收場的悲劇性。詹姆斯・希爾（James Hill）偕妻子和五名子女住在費城郊區。一九五二年，三名逃犯闖入希爾家並挾持全家為人質，但對他們尊重以待，而這些逃犯在離開希爾家後落網。媒體大肆報導這個事件，讓希爾太太深受折磨。為了避開公眾目光，希爾舉家遷往康乃狄克州，希望能低調度日。

兩年後，百老匯上演了一齣名為《亡命關頭》（*The Desperate Hours*）的劇碼，演出一個家庭在自宅被逃犯挾持的故事。不同於在現實中入侵希爾家的逃犯，戲裡的逃犯做出一連串恐怖行徑：殘忍暴虐、口出性侵威脅，以及各種常見的恫嚇。這齣舞台劇的背景設於印第安納波利斯，不過《生活》（*Life*）雜誌為本戲首演做了特別報導，在費城近郊的希爾家舊宅為演員拍照，並且說這齣充滿駭人橋段的戲劇完整重現了希爾一家的遭遇。《生活》這篇報導對希爾一家造成重大打擊，希爾太太因此精神崩潰。希爾先生表示他不能理解，《生活》在刊載這種文章前至少也該打電話跟他確認一下實情。他說：「簡直就像我們一家不存在，視我們有如塵土。」

希爾先生控告發行《生活》的時代出版公司違反紐約州的隱私法。他說，那篇文章把他的家人連上他們實際並未經歷的恐怖遭遇，不實呈現他們一家人的形象（在美國，侵犯隱私的侵權行為情形有四種，其中之一是「曝露不實隱私」〔false light privacy〕，也就是公開了錯誤事實但並未損及名譽之情形，不像誹謗是涉及傷害名譽。本章後續會論及其他三種侵害隱私的情形。）

紐約州法院判決希爾先生可獲得三萬美元賠償金，不過時代公司上訴到最高法院。代表希爾打這場官司的律師是在紐約開業的尼克森，後來他競選成功，在一九六八年成為美國總統。本案在一九六六年四月二十七號開庭辯論，大法官們認為尼克森的表現稱職。

最高法院的內部討論情形本是一個秘密，直到一九八五年，法學教授伯納・舒瓦茲

（Bernard Schwartz）出版了《華倫法院未公開意見書》（*The Unpublished Opinions of the Warren Court*），一切才真相大白。[62]他在書中的敘述，參考了退休大法官的文件，出版後也未遭反駁。在那次辯論後舉行的會議中，大法官以六比三的票數維持了賠償希爾先生的判決。首席大法官厄爾．華倫（Earl Warren）指派亞伯．方特斯（Abe Fortas）大法官撰寫多數意見書，而舒瓦茲也引用了方特斯的草稿，可以看到這份意見書在開頭嚴詞訓斥《生活》處理這篇報導的手法，並且挖苦了某些記者的行徑：

> 《生活》攝影報導造成的這類毫無必要、輕率妄為且蓄意的傷害，並非負責任的新聞報導之必須手段。雜誌作者與編輯需避免造成肆意且不必要之傷害，此乃公共責任，不得因自己地位崇高而免責。新聞媒體特權是保障我國自由權所不可或缺，但此種特權並未排除應有合理之注意，亦應避免任意造成他人傷害……此種特權並不允許無的放矢。

至於隱私權的意義以及它在文明社會中的位置，方特斯的草稿也有精采的評論：

隱私權乃具有憲法的地位……隱私權不僅是保護個人人身、住所、文件與財產的權利，除非法律另有規範。它也是免於被迫自證己罪的權利，不論所受脅迫有多麼輕微；它與宗教選擇自由權、宗教活動自由權，以及言論自由權有所不同，但又相似；它也不只是特別強調免於遭人窺探或被電子情報裝置與竊聽器侵擾的權利。隱私權涵蓋以上所有面向，又比它涵蓋的任何具體事項更為寬廣。簡而言之，它是不受外界干擾的權利，個人自由選擇如何生活的權利，以及免受攻擊、侵擾或侵犯的權利，除非這些有違隱私權的行為是出於生活在法律治理下的社群的明確需求而有其正當性者。

只不過，最高法院從未發表方特斯大法官的意見書。辯論結束幾週後，大法官開始重新思考他們的觀點，決定讓本案在接下來的秋天再次辯論，而多數大法官在二度辯論後的投票中決定駁回希爾的隱私求償。

布萊克大法官是最高法院中最力倡表達自由的一員，而他在那次二度辯論前發送了一份備忘錄給其他大法官，內容隨舒瓦茲的書公諸於世。布萊克寫道：「在詳加考慮之後，我想不到本院有任何先前的案件會比本案對言論與新聞自由造成更重大威脅。」他的論點是，新聞媒體並非完美無缺，這是無可避免的，而新聞媒體的失誤如果並未損及任何人的社會聲望，也就是未達誹謗程度，卻仍必須付出損害賠償的代價，將迫使新聞媒體自我審查。

一九六七年一月，最高法院對本案做出判決，以五比四的票數駁回希爾先生可獲賠償的原判，多數意見書由布倫南大法官執筆。他在三年前為《紐約時報》訴蘇利文案所寫的意見書豎立了誹謗訴訟的里程碑：除非能證明報導內容的不實係因刻意為之或因輕率疏忽所造成，否則政府官員就不能以報導不實並名譽受損為由獲得賠償。現在，布倫南大法官也以同樣標準衡量希爾的隱私賠償請求。他說，《生活》對希爾一家遭遇的不實描寫，並未被證明是在明知不實或輕率疏忽下所為，所以《生活》有權重新受審，讓陪審團針對此一問題做個判斷。只不過，蘇利文案的癥結是基於布倫南所謂的「增修條文第一條核心要義」，亦即批評政府的權利。我們在討論希爾一家這樣的平民時要如何套用這種權利？布倫南大法官提出以下解釋：

對於言論與新聞自由的保障不僅限於政治表達或公共事務評論，亦即政府健全運作之要素。任何人只要隨手拿起任何報章雜誌皆能理解無所不包的出版內容如何將人曝於公眾視野之中，平民與官員皆然。生活在文明社群的同時，必定會有程度不一的向他人自我揭露。在一個首重言論與新聞自由的社會，生活中必然伴隨這種揭露的風險。

這段話等於在說隱私權不是重要價值。它表示，最想低調度日，也就是亟欲避開公眾關注的一般美國人，仍必須接受「向他人自我揭露」，這是「生活在文明社群」的代價。我非常仰慕布倫南大法官，但我不認同他對「文明社群」的構想。

方特斯大法官提出不同意見書，但措辭已不見前一份草稿中的怒意（說不定他原本激昂的語氣有助於扭轉其他大法官的心意），首席大法官華倫與湯姆・克拉克（Tom C. Clark）大法官也加入該不同意見書。約翰・馬歇爾・哈倫大法官撰寫了另外一份不同意見書，他與他的祖父同名，兩人也是最高法院史上唯一一對祖孫大法官。最高法院就這麼以五比四的票數駁回希爾的請求。我認為哈倫的意見書很有說服力。

哈倫大法官表示，希爾案並未涉及官員或公眾人物，也就是可以命令或控制觀眾的人。如果希爾先生對《生活》的報導表示抗議，有誰會刊出他的評論？所以說，霍姆斯大法官所謂的必須讓思想在其中競爭的自由言論「市場」，在此並不能發揮作用。哈倫說，這會導致一種「無人可質疑的不實」的危險。因此，他只會要求希爾證明《生活》的編輯因過失而造成錯誤，而不是更難求證之事，也就是這篇不實報導是刻意而為或輕率疏忽所致。

當舒瓦茲的書出版，時代出版公司訴希爾案的內部討論過程公諸於世後，彼時已辭去總統職位的尼克森商請曾任他白宮顧問的李歐納・蓋門（Leonard Garment）調查此事，而蓋門也是尼克森承辦尼爾案時的律師搭檔。蓋門讀過舒瓦茲所述內容後，撰文發表於《紐約客》，[63]描述尼克森是如何為最高法院的兩場辯論做了嚴謹的準備，也提到他以電話告知尼克森最高法院判尼爾敗訴的消息。尼克森說：「我一直都知道，對上新聞媒體，我不會有打贏大官司的機會。」

蓋門也提到哈倫大法官不同意見書的一段陳述，也就是多餘的公眾關注會為「被迫承受這種目光又無力避免的個人……帶來嚴重風險，可能導致無可挽回的傷害」。蓋門表示，在紐約的初審證詞已經提到《生活》的報導對希爾太太造成「永久的精神傷害」，又寫道：「兩位知名精神科醫師已經解釋了她被迫承受的創傷有怎樣成因。他們都說她已經順利走出原先的綁架事件，不過《生活》報導不只勾起她的回憶，還把回憶轉化為最糟糕的惡夢，並且當成事實公諸於世，這讓她崩潰了。兩位醫師都說，她從此以後的心理狀態永遠都是一枚不定時炸彈。希爾太太在一九七一年八月自殺身亡。」

四種對隱私權的侵犯

關於隱私的法學討論始於一篇傑出的法律評論文章——〈論隱私權〉（The Right to Privacy），由布蘭迪斯與山繆・沃倫（Samuel D. Warren）共同撰寫，一八九〇年發表於《哈佛法律評論》。[64]這篇文章之所以傑出，是因為它對法律造成的影響比任何其他法律評論都更巨大。〈論隱私權〉刊出後，不論是透過立法或司法判決，大多數州政府都開始有保護隱私的法律規範。

〈論隱私權〉討論到「不受外界干擾的權利」（the right to be let alone）。三十八年後，最高法院透過一件訴訟案判定竊聽電話不是憲法增修條文第四條*所要規範的搜索，也就是不違反政府執法人員不得不合理搜索和扣押的憲法規定，而一向不輕易改變立場

* 編註：增修條文第四條為：「人民有保護其身體、住所、文件與財物之權，不受無理拘捕、搜索與扣押，並不得非法侵犯。除有正當理由，經宣誓或代誓宣言，並詳載搜索之地點、拘捕之人或收押之物外，不得頒發搜索票、拘票或扣押狀。」（採用司法院網站提供之美利堅合眾國憲法翻譯）

的布蘭迪斯大法官提出不同意見，並且在意見書中再度提及那個概念。在一九二八年的奧姆斯特德訴合眾國案（*Olmstead v. United States*）布蘭迪斯於不同意見書中寫道：

> 我國制憲先賢……體認到人的心靈本質、感性與智性的重要。他們知道生命中的痛苦、愉悅與滿足只有部分與物質相關。他們致力於保護美國人的信仰、思想、情感與感知，賦予人民在面對政府時有不受干擾的權利——這是涵蓋範圍最廣泛的權利，也是文明人類最珍視的一種權利。[65]

一九六七年，最高法院推翻了布蘭迪斯持不同意見的這個判決，將竊聽電話納入憲法增修條文第四條規範內。「不受外界干擾的權利」成為法律與生活的常見用語（方特斯大法官雖然沒提及出處，不過他在希爾案的意見書草稿也拿它來聲援隱私權）。只不過，布蘭迪斯與沃倫會寫出〈論隱私權〉，起因並非對隱私的一般侵犯，而是某個特定事件：媒體未經沃倫太太同意就使用她的照片。

未經允許使用他人肖像屬於隱私法律認定的四種侵犯隱私的行為類型之一。第二種侵犯隱私的行為類型是曝露不實隱私（false light privacy）：公開關於某人的錯誤事實，例如虛構報導，尼爾案就是個例子（有人為一名棒球投手寫了本多采多姿的傳記，裡面虛構了一則童年軼事，謊稱他母親曾對他說：「左撇子，你幹麼一直拿球丟那隻雞呢？」）第三種侵犯隱私的行為類型是非法侵入（intrusion），也就是用各種手段侵犯個人空間，例如使用竊聽器材。第四種侵犯隱私的行為類型是披露真實但使受害人困擾的私密事實。

至於侵犯隱私的第一種行為類型叫做挪用（appropriation），而這衍生出許多「明星臉」的花邊案例：有人的相貌神似名人，並且打扮成他們的分身行事。伍迪・艾倫（Woody Allen）曾為此打過官司，成功阻止公司行號雇用他的分身菲爾・博洛夫（Phil Boroff）拍廣告。[66] 陪審團也曾判給影歌星貝蒂・米勒（Bette Midler）四十萬美元損害賠償，因為有個廣告公司雇用了有「明星嗓」的人模仿她知名的嗓音。[67]

賈桂琳・甘迺迪・歐納西斯（Jacqueline Kennedy Onassis）曾提告並且勝訴，阻止了神似她的模特兒芭芭拉．雷諾斯（Barbara Reynolds）扮成她的模樣演出廣告。[68] 與其他官司的差別在於，賈桂琳投訴的原因並非不公平的商業競爭，而是替自己爭取免於以商業方式露臉的權利。雷諾斯聲稱她的扮裝是受憲法保護的藝術行為，紐約州初審法院（New York Supreme Court）* 的艾德華．格林菲（Edward J. Greenfield）法官不同意，他說：「畫一幅賈桂琳．甘迺迪．歐納西斯的肖像是藝術，扮得像她就不是了。」

第三種違反隱私法的行為類型乃是非法侵入，透過加州最高法院在一九九八年判決的舒爾曼訴W影視製作公司案（*Shulman v. Group W Productions*）有非常精彩的探討。[69] 如同席德斯與希爾的案例，舒爾曼案的癥結也是表意自由的利益槓上了處境堪憐、替自己力爭隱私的當事人。露絲．舒爾曼（Ruth Shulman）在加州高速公路上行駛時遭別車撞擊而翻落堤防，導致她身受重傷，終生半身癱瘓。一架救難直升機抵達車禍現場，把舒爾曼載到醫院救治。在舒爾曼不知情的情況下，救援團隊的一名護士戴著麥克風，錄下自己與舒爾曼在車禍現場與直升機裡的對話，還有旁人用攝影機拍下舒爾曼的影像。一個電視節目播出這些影音紀錄，舒爾曼控告這侵犯了她的隱私。

加州最高法院維持了舒爾曼的勝訴判決。凱瑟琳．魏德加（Kathryn M. Werdegar）大法官駁回被告根據憲法增修條文第一條提出的抗議，並表示，政府或許不能規定新聞媒體「應印行或廣播怎樣內容，但媒體也不能以採訪為由，用違法窺探像暴君式地對待人民」。魏德加認為，舒爾曼可合理期待她與護士在事發現場與直升機裡的對話是在隱私範圍內進行。她表示，陪審團要決定被告的廣電人員是否侵犯了這個範圍，這樣的侵犯又是否「嚴重冒犯了一個正常合理的人」。在增修條文第一條保障下，廣電公司有權報導具新聞價值的事件，而魏德加所說的確實是一種狹義的例外。有兩名大法官提出不同意見，說他們根本不會受理這件官司。不過魏德加大法官寫出下面這段文字時，肯定胸懷布蘭迪斯的精神：

---

* 編註：紐約州初審法院的英文名稱為雖然有 Supreme Court 二字，但實際上並非紐約州的終審法院。它只是初審法院，並於州內六十二個郡均設有分院。紐約州真正的最高法院是「紐約上訴法院」（New York Court of Appeals），設於紐約州的首府奧爾巴尼（Albany）。

陪審團應有理由相信，病患在焦慮不安的就醫途中應該只與全心照護他們的人同行，並且免於窺伺的目光，如此才符合對人性尊嚴的基本尊重……理性的陪審團應能判斷，被告在病患承受極大磨難、心神迷惘且身負重傷時，未經其同意便給急救護士穿戴麥克風並錄下雙方對話，此乃對病患個人隱私的嚴重侵犯。

廣電公司最後與舒爾曼庭外和解，支付她一筆金額未公開的損害賠償。他們一定猜想到了陪審團團員會對他們的行為作何感想。

第四種侵犯隱私的行為類型是公開真實但是使當事人困擾的事實，這方面也有幾個隱私權與出版自由衝突的著名案例。一九七五年九月二十二號，傑拉德．福特總統步出舊金山的聖法蘭西斯旅館（St. Francis Hotel），而莎拉．珍．摩爾（Sara Jane Moore）等在那裡，舉槍指向福特。人群中有位前海軍陸戰隊隊員奧利弗．席普（Oliver S. Sipple）向前一衝，猛打她的手臂，摩爾因此沒有擊中總統；席普很可能救了他一命。席普的英勇行為登上全國各地新聞。兩天後，《舊金山紀事報》（*San Francisco Chronicle*）的知名專欄作家賀伯・卡恩（Herb Caen）撰文說席普是同志，也是該市同志社群的英雄人物。其他媒體照抄不誤，這下舉國都認為席普是同志了。席普控告媒體侵犯隱私，並表示他確實是同性戀者，但他有權就此一事實被揭露而求償，因為這會導致他在某些社交圈陷入窘境。加州法院判席普敗訴，但並未就他的隱私與媒體報導自由的衝突加以解決。法院的說法是，在卡恩寫出那篇專欄之前，席普的性傾向已為多人所知，因此不完全算是「隱私」。[70]

曾有數十年的時間，加州法院都特別寬待當事人為真實但擾人的事實曝光所提出的賠償請求。在一九三一年定讞的麥文訴瑞德案（*Melvin v. Reid*）中，當事人當過妓女，曾被控謀殺但獲判無罪。她在後續幾年間洗心革面也結了婚，在她居住的城鎮成為受人尊敬的一員。豈料後來有人把她的人生改編成一部名叫《紅色和服》（*The Red Kimono*）的電影，損及她的社會地位，於是她控告這部電影侵犯隱私，也打贏了官司。[71]直到一九七一年，加州最高法院都遵循前例並堅持這個原則：即使醜聞在發生當下已被公開，事過境遷後，如果有報導喚起讀者的回憶，也能視為侵犯當事人隱私。

克拉克法官的席德斯案判決認為有人曾受公眾關注就永遠無法脫身，而加州法院的觀點完全相反。不過在更晚近的案例裡，最高法院透過對增修條文第一條更寬廣的解釋明確表示：不論這令當事人如何困擾，新聞媒體都可以如實提起往事。魏德加大法官也在她為舒爾曼案撰寫的意見書中暗示，加州最高法院將不再遵循《紅色和服》案的判決先例。禁止公開早先公開過的事實，已不再為現今美國司法文化所接受。透過網路搜尋引擎，人人的過去都能透過一鍵點擊就為公眾所知。私生活一旦為人所知就再無可掩蓋。不過這個問題仍然沒有定論：好逐腥羶八卦的記者或小報如果揭露未曾公開的事證，是否該負起侵犯隱私的法律責任？

不能免於他人目光即是地獄

新聞媒體一直力促最高法院支持這個立場：無論會對某人造成多大困擾，新聞媒體永遠都能公開事實。最高法院一再拒絕為這個牽涉廣泛的議題下定論，反倒是解決過一連串爭議比較單純的訴訟案。

例如，最高法院受理過一件案子，事關喬治亞州禁止公開強暴受害人身分的一項法令。在某件訴訟案裡，一名年輕女性被先姦後殺，而法庭書記員讓電視記者拍到載有受害人姓名的起訴書，畫面後來被公開播放。被害人的父親控告電視公司曝光隱私。這樁考克斯廣電公司訴科恩案（*Cox Broadcasting v. Cohn*，一九七五年）上訴到最高法院時，電視公司主張那項禁止提及被害人姓名的州法違反增修條文第一條。[72] 不過最高法院沒有觸及這個問題，他們判決廣電公司不應受罰的理由是，該公司是透過公共紀錄取得受害人姓名，而且是法庭書記員拿給記者看的。拜倫．懷特（Byron R. White）大法官寫道：「藉由該州將這條資訊加入官方法院紀錄的作法，必然能推論該州認為此一作法符合公共利益。」我覺得懷特大法官的判斷令人費解。州法已經判定公開強暴受害者姓名無助於公共利益，為什麼在這種情況下，一名法庭書記員的行為（極可能是出於個人錯誤）比州法更能代表喬治亞州的政策？最高法院為了迴避難題，似乎秀了一手司法上的偷天換日。

繼考克斯廣電公司訴科恩案之後，也有其他官司的起因是新聞媒體公開了州法規定應予保密的內容：州委員會考慮要調查的州法官的姓名、少年犯的姓名，後來又有一次是強暴受害人的姓名。[73] 最高法院審理這每件案子時，都拒絕採取這類法律違反增修條文第一條的大原則來判決，反倒每次都訴諸特定情境而讓新聞媒體免於沒有遵守這類法律規定的後果。我們不得不做這個結論：最高法院不怎麼在乎隱私利益，即使這些利益受州法保護也無濟於事。

接著在二〇〇一年，最高法院審理了一件案子，事涉保護電話通話交談隱私的一部聯邦法律。一九六八年的《綜合犯罪控制與街道安全法》（Omnibus Crime Control and Safe Streets Act）規定，竊聽電話對話或將竊聽內容曝光均屬犯罪行為，同時也規定民眾可以因為被竊聽請求民事損害賠償。在最高法院受理的巴特尼基訴沃珀案（*Bartnicki v. Vopper*）中，事情發生在賓夕法尼亞州的一場罷工期間，有不知名人士錄下了兩位工會幹部的手機通話。[74] 其中一位對另一人說：「如果他們不肯同意百分之三，我們就要去他們的，他們家……毀了他們的前廊……」匿名竊聽者把錄音交給某位反工會人士，後者又把它交給廣播電臺，電臺將該錄音公開播出。

兩名被竊錄的工會幹部向廣播公司提起損害賠償訴訟，而廣播公司在最高法院開庭時主張，該公司播出那段錄音是受增修條文第一條保護的利益，應該優先於禁止公開違法竊錄對話的法律。最高法院意見紛歧，最後以六票的多數判決廣播公司勝訴。在多數意見書中，負責執筆的約翰・保羅・史蒂文斯（John Paul Stevens）大法官只向隱私利益表達簡短同情。不過六位多數大法官當中的史蒂芬・布雷耶（Stephen Breyer）與珊卓拉・歐康諾（Sandra Day O'Connor）另共同發表了協同意見書，由布雷耶執筆，而這份意見書對原告的隱私權主張做了更為尊重的肯定。

布雷耶大法官在討論隱私權的重要性時，提出一個新穎的論點。他說，保障人民隱私不只保護了「不受外界干擾的權利」，也會鼓勵他們自由發言，因為這麼做「能協助我們跨越討論私事的天生心理障礙，因為我們會害怕私下談話可能被公開。法律的限制結果是鼓勵了沒有法律限制的保護就不會發生的交談。」換言之，言論自由也成了保護談話隱私的一種理由。布雷耶指出，他與歐康諾之所以同意史蒂文斯，僅僅是因為那通被竊聽的電話涉及「不尋常的公共所關心之事，亦即人身傷害的威脅」。

布雷耶的意見書暗示美國法律還是應該設限，以防有人打著自由的旗幟破壞隱私。我們現在處於一個爆料的時代：不論是上電視自我揭露，或是新聞媒體、八卦小報和其他管道，都會曝露各式各樣的人性弱點與過錯。布蘭迪斯當年會發表捍衛隱私權的名篇，是因為其合夥人之妻子的照片未經她同意就被使用，不過那只算是輕微的不尊重，現代對隱私的揭露完全不可同日而語。不只是新聞媒體，就連法律本身都會不留情面地曝光私生活。肯尼士・史塔爾（Kenneth Starr）任獨立檢察官時，曾試圖迫使比爾・柯林頓總統下台。他運用職權取得莫妮卡・陸文斯基（Monica Lewinsky）的信件與個人電腦裡的雜記，並且將其中內容納入他交給眾議院的報告。史塔爾不理會陸文斯基的請求，把她電腦裡來自某位女性朋友的訊息也放進報告，而那位朋友在訊息中訴說了她與丈夫的不和。史塔爾還發出傳票，命令華府一間書店交出陸文斯基的購書清單。

當年克拉克法官判決席德斯的隱私官司敗訴時，曾表示他能想像在某些情況下，席德斯這類「公眾人物」能因為隱私被侵犯而成功求償：如果此類「揭露過於私密且無正當理由……致嚴重違反社群公認之合宜觀念」。在今天，我們很難想像有任何爆料會過於私密、可能有傷社群公認的合宜觀念。

法官絕不可僅僅是因為個人反對新聞歪風而開始審查令他們不悅的任何內容，關於這一點，新聞界是有其道理。二〇〇二年，英國首席大法官伍爾夫（Harry Woolf）就做了正確決定：當時有一名足球員取得了一紙禁制令，不准八卦小報報導他與兩名女性的婚外性關係，不過伍爾夫駁回這紙禁令。[75]他表示，法院「不應擔任品味的審查或仲裁者。新聞出版業將走向比法院認為合宜程度之更腥羶的路線，與本案並無關連。」他也表示，一名男性若縱容自己發展多段婚外情，在其中一名女性洩密時就無權抱怨。伍爾夫爵士又說：「法院也不能忽視此一事實：如果新聞媒體不發布公眾感興趣的消息，新聞媒體將會減少，從而不符公共利益。」過去的英國法院向來急於出手阻止新聞媒體，所以伍爾夫爵士的判決顯然是個變革。我們可以說，這是往增修條文第一條為開放社會奠定的基礎邁進了一步。

但這不表示開放的社會一定得准許公開宣揚私事，而不顧這種公開有多麼殘酷或危害社會，至少我個人無論如何無法苟同。箇中原因，紐約大學的哲學教授湯瑪斯・內格爾（Thomas Nagel）做了很好的解釋：

對複雜如我們人類的生物而言，要想在與人交流之際不至屢屢造成社會矛盾，就必須區分什麼是個人可對外公開揭露之事，以及什麼是個人隱藏或只對至親好友透露之事。每個人的內在生命都有如一座錯綜複雜的叢林，交織著思緒、感受、幻想與衝動。如果我們全部予以坦露，文明將不可能存在……如果我們在一般公共交際中表達所有的淫慾、攻擊性、貪婪、焦慮或自戀，就不可能擁有社會生活。同樣地，如果我們想成為完人，讓自己的思想、感受與私密行為都能向公眾坦然公開，也就不可能擁有內心生活。[76]

記者很有理由把不能公開的秘密視為暗藏玄機。政府用保密來掩飾貪腐與失職、增加他們無法被追究責任的權力，而政府的權力已經大幅膨脹，其中一種重大權力就是使用電子設備或其他工具侵犯公民生活。即使布蘭迪斯在一九二八年那份不同意見書裡曾預言，政府將找到比竊聽更具侵犯性的手段，他恐怕也無法想像這些現代工具有多強大。當新聞媒體加入政府侵犯隱私的行列，稱不上是在發揮監督國家權力的重大功能。

在共產統治時期，捷克斯洛伐克的警察曾暗中錄下異議領袖楊・普羅哈茲卡（Jan Prochazka）與另一位戰友的對話，然後有一天，國營廣播開始播放這些錄音。偉大的捷克作家米蘭・昆德拉（Milan Kundera）表示，這招差點成功毀了普羅哈茲卡，因為民眾聽了大為震驚，「一個人在私底下說話會百無遮攔、用語粗俗、行為幼稚，也會口出下流玩笑……還有他絕不會公開坦承的種種怪異思想，諸如此類。」昆德拉寫道，不過民眾也逐漸醒覺，「真正不堪的並非普羅哈茲卡放肆的言語，而是他的生活遭到怎樣的粗暴對待；他們有如遭受電擊般猛然醒悟：私領域與公領域是根本上截然不同的兩個世界，而一個人想自由生活，尊重兩者的差異是不可或缺的必要條件……」77

昆德拉在一九八五年的一次訪談中總結了他對隱私的看法：

我們生活在一個私人生活被完全摧毀的世紀。在共產國家，警察摧毀私人生活，在民主國家，新聞記者威脅私人生活；人們一點一滴地喪失私人生活之滋味與感受。而處於每個人都無法避開他人注目之生活，就如同身處地獄一般。生活在集權國家的人知道這一點，然而極權體制不過是一枚放大鏡，照出所有現代社會的傾向……沒有私密，一切都將不可能……愛不可能，友誼也不可能。78

增修條文第一條對言論自由與出版及新聞自由的保障是我國自由的基礎，但並非健全社會的唯一要素。如果言論自由與出版及新聞自由全面勝過隱私利益，將會是一場可怕的勝利。

第六章

媒體特權？

「吾人得體認，那就是新聞媒體如同其他機構，
必須與各種社會重大利益相互調適。」
——布倫南大法官——

新聞自由並非絕對

瑪麗．托雷（Marie Torre）是《紐約前鋒論壇報》（*New York Herald Tribune*）一九五〇年代的電視專欄作家。她在一九五七年以舞台與電影巨星茱蒂．嘉蘭（Judy Garland）為主角寫了一篇專欄文章，並因此締造了憲法增修條文第一條的歷史。當時嘉蘭與哥倫比亞廣播公司簽約，預計演出一系列特別節目，但後來她卻遲遲不訂定首演日期。那篇專欄文章說有位不具名的哥倫比亞廣播公司主管告訴托雷，嘉蘭在為某事困擾──「我不知道，不過，如果那是因為她覺得自己胖得可怕，我不會意外。」根據後來出版的傳記，嘉蘭當時確實體重過重，也服用過量的減肥藥物。

嘉蘭控告哥倫比亞廣播公司誹謗與違約，求償一百四十萬美元。在審前程序中，她的律師要求托雷說出那位主管的姓名，也就是她文中聲稱的引言來源。托雷拒絕了，說如果她這麼做，「再沒有圈內人會跟我說話了」。一名聯邦法官判她藐視法庭，須服刑十天，托雷於是向聯邦第二巡迴上訴法院上訴。[79]

托雷的律師主張，增修條文第一條讓她享有不揭露消息來源的權利，用法律術語來說是「拒絕證言權」（testimonial privilege），因為如同她所說，如果她違背保密承諾，將破壞她與其他可能消息人士的關係。這是首次有人提出這個以這種角度來詮釋憲法的主張，後來屢見不鮮的記者權之法律辯論以此案為濫觴。記者擁有旁人不可得的憲法保障特權嗎？托雷案的結果預告了這種主張的最終命運。

來自第六巡迴上訴法院的訪問法官史都華（後來成為最高法院大法官）為本案撰寫主要意見書。他表示，他接受「這種假設，也就是強迫記者揭露保密消息來源會限制新聞採訪能力，從而剝奪新聞自由」，不過他也寫道，新聞自由並非絕對的，「在憲法規範下，為了確保公正的司法審判這項首要公共利益，新聞自由必須讓步」。他引用另一件訴訟案的意見書，繼續寫道：「向法院提起訴訟與辯護的權利，是為了取代以武力來化解紛爭。在一個井然有序的社會中，這是一種保護所有其他權利的權利，也是一個有健全治理制度的政府之基礎。」而且本案要求托雷作證並非出於「有疑慮的適切性」，而是「直指原告訴求的核心」。

這個難題透過本案首次獲得探討，在過程中史都華法官公允地說明了解決這個難題會有哪些是辯論的重點。他明確點出，癥結在於記者利益並非唯一的考量。有些消息人士只在獲得保密承諾時才會與記者交談，維繫這種利用消息來源的能力，確實是新聞媒體的真正利益。但另一方面，這類民事訴訟案也關乎名譽受損的當事人的權益。如果有人的名聲被匿名消息破壞，我們會想剝奪他們在法庭上恢復聲譽的任何實質機會嗎？我個人認為不該如此。

托雷請求最高法院審理此案卻遭到拒絕，只好入獄十天，但仍堅不透露消息來源身分。接著，嘉蘭撤回了訴訟。原因何在？或許她對托雷心生憐憫，又或許她認為這件訴訟案公開後會破壞她的形象。

最高法院因為外界籲請而著手處理記者特權的課題，是在一九七二年。那年他們同意受理了三宗案件，當事人都是被傳喚到大陪審團前為刑事偵查程序作證的記者，不過這些記者都拒絕作證。最高法院的判決以其中的第一宗訴訟案聞名：布蘭茲堡訴海耶斯案（*Branzburg v. Hayes*）。[80]保羅．布蘭茲堡（Paul Branzburg）是肯塔基州路易斯維爾《快遞報》（*Courier-Journal*）的記者，他寫了一篇年輕人如何合成大麻的報導，而肯塔基州當局想知道這些年輕人的名字。

最高法院以五比四的票數否決了布蘭茲堡的主張，法院意見書由懷特大法官執筆，開門見山地直陳判決結果：「這些訴訟案的癥結在於，要求新聞記者在州級或聯邦大陪審團前作證是否剝奪了增修條文第一條保障的言論自由與出版及新聞自由。本院認為並未剝奪。」

布蘭茲堡案：記者有出庭作證的義務

懷特大法官用了一個雙重否定句，對媒體的抗辯做了一個似乎不甚情願的讓步。他說他並不是在表示「新聞採訪未達增修條文第一條的保護標準；若未對新聞採訪提供一定程度保護，新聞自由確實可能被扼殺。」不過他繼續指出，雖然增修第一條讓新聞媒體就其所出版的內容免於發表的事前限制與事後懲罰，不過新聞媒體一直以來也被許多消息來源禁於門外。他寫道：「即使新聞採訪可能因此受阻，例如大陪審團審理程序、本院會議、其他官方機構內部會議等場合，媒體也經常都被排除在外……」他表示，為使刑事司法體系正常運作，出庭作證的義務至關重要，為這種要務而開免責特例令人難以苟同。他也附上了一個史上有名的註腳：一八〇七年，首席大法官馬歇爾曾表示「在歷史時刻，美國總統也能被傳喚。」（布蘭茲堡案在一九七二年六月二十九號判決——在此十二天前，水門大廈被侵入，這個事件結果導致法院因此傳喚尼克森總統交出錄音內容，他後來也被迫辭職下台。）

懷特大法官也提出不該賦予新聞媒體憲法保障特權的實際理由，其中之一是我們很難定義誰可以算是「新聞媒體」並因此夠格享有特權。懷特大法官說，傳統的想法是「不論孤獨作戰的政治小冊寫手，或是大都會的出版巨擘，都享有新聞自由權」。法院要怎麼界定誰有特權資格？（後來因為網路的興起，數以百萬計的部落格格主都在傳播被他們視為新聞的內容，懷特這層顧慮也變得更為重要。）懷特大法官繼續提出一個相關論點：

演講者、政治民調人員、小說家、學術研究者與劇作家，均具有本案新聞機構代表所主張的資訊傳播功能。幾乎任何作者都能合理地主張自己對使資訊流向公眾也有所貢獻，也必須仰賴保密的消息來源，且作者若被迫在大陪審團前披露相關資訊，這些消息人士就將噤聲。

懷特大法官這層顧慮後來再度獲得證實。在五角大廈密件案發生後，尼克森政府傳喚了哈佛大學助理教授山繆．波普金（Samuel Popkin）。波普金專精於政府研究，曾以越南為題寫了一篇論文，而大陪審團傳喚他是要他指認論文引用的消息來源身分。波普金拒絕出庭──代價是坐了一星期的牢。時任哈佛大學校長的德瑞克．伯克（Derek Bok）挺身擔任他的律師，使政府十分尷尬，最後中止了這場大陪審團審訊，波普金隨之獲釋。[81]

懷特大法官的布蘭茲堡案意見書不無懷疑口吻。他表示，新聞媒體「絕非無力保護自己免於騷擾或實質傷害」，新聞媒體「有強大的溝通機制可以運用」。不過這份意見書最後又用了個雙重否定句，似乎是語帶安撫地作結：「新聞採訪並非不受增修條文第一條的保護，而大陪審團調查若非出於善意誠實而設置或進行，這又是完全不同於可以由增修條文第一條解決的另一個問題了。」

在布蘭茲堡案中，新聞媒體並不是要為記者尋求絕對特權，也就是在任何情況下都免於向大陪審團作證的權利。《紐約時報》提交的一份意見，表明其立場，認為當局不應強制傳喚記者，除非：第一，政府可證明他們有可信理由認為，記者握有特定可能罪行的相關資訊；第二，政府可證明他們無法從其他來源取得資訊；第三，政府可證明「該資訊涉及迫切且重大利益」。

保密的利益與知情的需求

在布蘭茲堡案中三名持不同意見的大法官表示，他們會使用上述三點對政府的要求作為條件，給予記者拒絕作證的有條件特權（qualified privilege）。這份不同意見書由史都華大法官執筆，而他譴責了他所謂的多數大法官「對增修條文第一條的偏執見解」，說這「反映出對獨立新聞媒體在我國社會扮演的關鍵角色之麻木無感，令人不安。」史都華擔任第六巡迴上訴法院法官時，曾要求托雷說出哥倫比亞廣播公司詆毀嘉蘭的消息人士姓名，因此有些人可能會覺得這跟他的布蘭茲堡案不同意見書的見解前後不一。史都華大法官只用一個註腳提到嘉蘭案，引用的是該案意見書要求托雷交出消息來源姓名的段落：「直指原告訴求的核心」。或許他的意思是，如果將有條件特權的標準適用於民事案件，那麼嘉蘭符合該標準而有資格要求托雷作證，因為她不可能從托雷以外的其他管道得知關鍵資訊。

第四位持不同意見的大法官是道格拉斯，他說他會根據增修條文第一條賦予記者免於在大陪審團前作證的絕對特權，除非記者本人涉及犯罪。道格拉斯譴責《紐約時報》採取的是「驚人的立場，增修條文第一條保障的權利竟然得跟政府其他需求與便利妥協。」他表示，第一條的起草者使用了「絕對的用詞」來撰寫它，而非「政府與《紐約時報》都提倡的那種怯懦、打了折扣的閹割版的增修條文第一條」。

布蘭茲堡案是最高法院判決新聞媒體特權主張的第一件案件，後續數十年並沒有其他案件。直到二〇〇七年，最高法院都沒有同意審理其他相關案件。因此，我們可能會以為這個問題就此塵埃落定。這麼想就錯了，事實遠非如此。在這數十年間，仍有記者在各種情境下拒絕揭露保密消息來源，也繼續主張增修條文第一條賦予他們拒絕證言權。有時最高法院以下的各級法院同意這種主張，有時則不然。這是一種驚人的司法模式。代表問題定音槌的最高法院判決竟然被廣泛忽視，或是被另做解釋。

這種現象的成因何在？其中一個原因是在布蘭茲堡案的五位多數大法官裡，小劉易斯・鮑威爾（Lewis F. Powell Jr.）另外發表了一份簡短的意見書。鮑威爾大法官也簽署了懷特大法官主筆的多數意見書，並且駁回那三件提交至最高法院案件中的記者主張，不過他表示，記者還是可以在其他案件中挑戰要其作證的命令，例如，「如果記者認為大陪審團調查不是以良善誠實的方式進行」，或是被要求交出的資訊「與調查對象只有微弱且不具說服力的關聯」。這聽來非常類似史都華大法官在不同意見書裡提議的有條件特權。鮑威爾也表示，法官應該「逐案考量」，在新聞自由與為犯罪情事作證的需求間求取平衡。

最高法院以下的許多州級或聯邦法院認為，雖然懷特大法官斷然駁回記者的特權主張，不過鮑威爾的協同意見書很有效地緩和了這個判決。法官審理民事訴訟案時尤其接納了鮑威爾的建議，逐案權衡新聞媒體保密的利益與對相關資訊的需求。

布蘭茲堡案判決之所以地位特殊還有另一個原因：新聞媒體就是不接受。從編輯、發行人到他們的律師，全都搬出「增修條文第一條特權」（the First Amendment privilege）來抗拒交出消息來源的壓力，彷彿這種特權真的存在似的。例如在一九八一年，《華盛頓郵報》刊出一篇報導，主角是華府貧民區一名八歲的海洛因成癮兒童。這篇報導贏得普立茲獎，但後來證實內容是捏造的。這場騙局被踢爆之後，該報刊出一篇社論警告，「報社與有關當局為了是否該確認消息來源身分而日漸針鋒相對之時……各種增修條文第一條已經開始發揮的保護，不應該因此被質疑」。這篇引人矚目的聲明言下之意是，因為增修條文第一條之故，關於這樁誘使八歲兒童對海洛因上癮的虛構犯罪，華府警方與其他主管單位追查時不得向記者施壓、要求交出報導人物的真實姓名。即使用了利益權衡判斷標準，都讓人難以相信有任何法院會做到《華盛頓郵報》要求的地步。

不過，新聞媒體訴求的特權通常沒有《華盛頓郵報》為那篇捏造報導所做的聲明那麼荒謬。在記者最重大的工作當中，有些確實得仰賴保密來源才能成事。有個戲劇性的例子是《紐約時報》在二〇〇五年發表的報導：小布希總統命令國家安全局在未依法取得令狀的情況下竊聽國際電話通訊。這是一篇至關重要的報導，讓人民獲悉政府的非法行政活動並追究責任。當然，只有政府內部的秘密消息來源能供給這些事證。政府的反應是威脅傳喚撰寫報導的記者、要求他們交出消息來源身分，也就是把重點放在洩密，而不是該篇報導揭發的竊聽計畫是明目張膽地違法。

在二十世紀後半葉與二十一世紀最初幾年，美國政府的行政權大幅擴張，而且頻頻未經國會審查而秘密行動。小布希總統宣稱，政府不只有單方面權力竊聽美國公民，如果人民有身為「敵方戰鬥人員」的嫌疑，政府也能不經審判而逕行永久關押。新聞媒體縱有再多的不是，往往是這種濫權的唯一防線。水門案就是顯著的例子——眾所周知，尼克森政府的濫權行徑之所以會曝光，有賴於記者的不具名消息來源。

如果記者承諾保密消息來源的身分，就絕對要信守。這既是職業倫理要求，也是常識：如同托雷的理解，如果違背諾言，以後誰還會跟你談？揭露你負責保密的名字也可能帶來法律後果。曾有一名共和黨員工向明尼蘇達州幾家報社的記者透露：民主黨副州長候選人有案底。那些報社刊出報導，並且在承諾保密後仍揭露該名員工姓名。這位消息人士控告報社背信，而那些報社主張，如果要求他們支付賠償就違反了增修條文第一條，不過最高法院在一九九一年的判決駁回了報社的主張。[82]

記者需要信守保密承諾，法院為了審案得命他們交出消息來源之身分，兩者的衝突在偶然間導致一個戲劇化的結局：一位作者因此被判藐視法庭而入獄。有個極端案例是凡妮莎·勒傑特（Vanessa Leggett），這位德州女性從未發表任何作品，某天卻決定提筆著書，撰寫一個知名殺手的報導故事。在她進行多次訪談後，一個聯邦大陪審團傳喚她出庭，要求她交出筆記與消息人士姓名。她拒絕配合，結果被依藐視法庭判處一百六十八天徒刑。

勒傑特並非記者。有些編輯與新聞媒體的律師說我們該把增修條文第一條解讀為賦予記者拒絕證言權，勒傑特可讓他們尷尬了。把勒傑特排除在他們的法律理論之外讓他們覺得不安，有這種感覺也是應該的。不過，把這類作者納入他們的主張，又會繞回懷特大法官在布蘭茲堡案意見書中預見的難題：如何定義誰有資格獲得記者特權？懷特當時寫道，「孤獨作戰的政治小冊寫手」與《紐約時報》的記者享有同等自由。數以百萬計的部落格格主就是我們現代版的孤獨寫手，勒傑特也絕對算得上是將資訊提供給大眾知情的人。但法院如果要逐案定義誰有資格享有拒絕證言權、誰又不行，那麼法官等於是在核發一種類似記者證的東西——這在某些國家是執業所需，卻是美國新聞媒體深惡痛絕之事，因為他們認為新聞媒體證照是一種官方控制，而這麼想並沒有錯。

新聞媒體無法在法庭上藉增修條文第一條來確保自己免遭傳喚，於是改以推動立法來賦予記者拒絕證言權。美國幾乎所有的州都訂立了這類記者保護法（shield law）（州法不適用於聯邦法院，有些最具爭議的記者特權案件就是出自於聯邦法院。）

李文和案：媒體濫權的危險

應傳召出庭作證是全體公民的責任，所以記者保護法也不是毫無顧慮地讓記者免責。李文和的例子彰顯出了這些顧慮。李文和是任職於洛斯阿拉莫斯國家實驗室（Los Alamos National Laboratory）的科學家，在一九九〇年代晚期，多家媒體的報導都把他描寫成竊取原子科技機密的間諜。之所以會有這些報導，顯然是政府內部有人放出消息，說李文和涉嫌將機密交給中國。李文和因此被捕，被控以五十九條罪名，還被單獨監禁了九個月。不過政府後來放棄追訴所有罪名，除了一條之外，也就是他對事發之後才被列為「機密」的資訊處理不當。審理本案的法官向李文和道歉，並且說政府官員「讓整個國家與其中的每位公民難堪」。[83]《波士頓環球報》（*Boston Globe*）刊出一篇社論，說指控李文和涉嫌的消息來自一名「以右翼狂熱分子與種族歧視行為聞名」的情報官員。

李文和控告政府向新聞媒體洩密、侵犯隱私。他的律師傳喚了五名記者，訊問他們報導內容的來源。這些記者拒絕回答，因此被判藐視法庭，每天須繳納五百美元罰鍰，直到他們有所回應為止。後來，涉案的五間新聞機構——美國廣播電視新聞（ABC News）、《洛杉磯時報》（*Los Angeles Times*）、《紐約時報》、《華盛頓郵報》與美聯社（Associated Press）——與李文和和解，並同意支付他七十五萬美元以終止藐視法庭的制裁令。政府也撥款八十九萬五千美元來幫他支付律師費與稅金。

這些新聞機構藉由庭外和解，沒有為他們卑劣對待李文和的行徑道歉。他們說他們同意和解「是為了保護我們的記者免於更多制裁」，此外也是為了保護他們「只有透過保密來源」才能獲得的資訊。換句話說：我們不在乎自己對李文和幹了什麼好事，只在乎我們的需求。《波士頓環球報》不在那群攻訐李文和的媒體之列，而該報透過一篇社論道出這次和解代表的真正意義。這篇社論說：「我們必須將李文和的遭遇銘記在心，既因為有權有勢的機構鮮少承認自己濫權，也因為當政府與沒有原則又不善盡查證責任的媒體踐踏一位公民的權利時，法治也會危殆不保。」[84]

假設李文和為自己夢魘般的折磨提告並求償時，已經有一部聯邦記者保護法存在，那些撰寫負面報導的記者就能拒絕傳喚，而且李文和將無法得知洩密者身分，很可能也得放棄官司。這是一個正派社會想要的局面嗎？這又真的對新聞媒體有利嗎？又或者，這會再次向社會大眾證明新聞媒體不僅妄自尊大，還貪求特殊待遇？

如同麥迪遜在兩百多年前告訴我們的，新聞媒體是反制官方濫權的關鍵力量。但新聞媒體未必是好人，它也可能會屈從與配合政府的濫權。又或者，新聞媒體可能還會更為墮落，如同一個南非案例的教訓。

在南非種族壓迫時期，該國的《中肯》（*To the Point*）新聞雜誌刊載了一篇關於黑人牧師博士馬納斯・布思萊西（Manas Buthelezi）的文章，說布思萊西雖然公開宣導和平改革的必要，但根據「可靠消息來源」，他私底下其實提倡「暴力」。[85] 在實行種族隔離的南非，這是極具殺傷力的指控，可能導致布思萊西博士入獄，甚而被處決。布思萊西控告《中肯》誹謗，並且要求該雜誌告知「可靠消息來源」的姓名，不過該社編輯主張自己有保密的特權。法院駁回編輯的主張，判布思萊西勝訴，應獲得損害賠償。[86] 不久後，南非爆出當地人所謂的「資訊醜聞」，自情報通信部流出的資訊顯示，《中肯》

那篇文章其實出自秘密警察之手。

美國公眾人物若針對具殺傷力的言論提起誹謗告訴，根據最高法院規定，原告必須證實被告的作者明知內容不實或輕率疏忽而不顧真偽仍逕行發表。這讓新聞媒體享有極大的保護，因為這樣一來等於要求受害人必須查明作者是否在發表前已知情。如果記者不必回答這些問題，受害人基本上是求證無門。一個人的人生很可能被不實報導摧毀，卻無法透過訴訟來恢復名譽。這在文明社會裡不該是可以接受的結果。新聞媒體在誹謗訴訟案中已享有強大保護，不應預期自己在這類官司中也享有拒絕證言權。

在誹謗訴訟中，如果消息來源提供中傷原告的資訊，但記者因保密之故拒絕供出其身分，此時讓記者入監並非解決之道。法官應告知陪審團可假設所謂的消息來源並不存在。採用這種作法，能有效迫使新聞媒體在撰寫負面報導時至少提供一個具名消息來源，或是讓他們為誹謗官司預做賠償準備。美國有數州已採行這種作法。

如果記者證詞成為犯罪訴訟的癥結，想取得證詞的通常是控方。但也有可能是被告，我們此時對什麼是正義的判斷可能就會有所不同。如果記者握有能協助證明謀殺罪罪名成立的機密資訊，還能名正言順地守口如瓶嗎？

《紐約時報》記者麥倫・法柏（Myron Farber）就遇上了這種局面。一九七五年，法柏撰寫了一系列文章，報導紐澤西州哈肯薩克市（Hackensack）某間醫院出現原因不明的死亡案例。那些文章聲稱，醫院的某位醫生用毒藥殺害了五名病患，不過法柏沒有透露他的姓名，只以X醫生代稱。紐澤西當局重啟這些病患的死因調查，並且起訴一名外科醫師馬力歐・亞斯卡勒維奇（Mario Jascalevich）。亞斯卡勒維奇的律師向法院提出申請，請求法院要法柏交出報導筆記，聲稱筆記內容能證明那些提供訊息給法柏的人士如果當庭作證，證詞將與他們私下對法柏的說法不一致。法官命令法柏交出筆記，並且在他拒絕時以藐視法庭罪判處他六個月徒刑。《紐約時報》必須支付十萬美元罰鍰，並且在法柏違抗傳喚令期間每天支付五千美元。[87]紐澤西有記者保護法，法柏也以這部法律為靠山。不過該州最高法院認為被告有取得事證的憲法權利，且該權利優先於記者保護法。

法柏坐了四十天牢，後來獲紐澤西州長布蘭登・拜恩（Brendan Byrne）赦免，拜恩也退還《紐約時報》已繳交的二十八萬六千美元罰鍰。法柏無疑是為了原則而堅持立場，被告律師真能從報導筆記找到有用資訊的機會似乎也很渺茫。不過顯而易見的是，在某些情境恰當的案例中，記者若是拒絕提供給刑事被告相關資訊將會陷入道德困境。

保護新聞並非保護新聞機構

事實是，這種拒絕證言權問題的正反兩面都涉及倫理與其他重大利益。新聞媒體確實需要利用秘密線人；另一方面，有時候當事人也絕對有名正言順的理由回復其名譽——例如李文和，例如布思萊西。因為涉事雙方都有利害關係牽扯其中，所以記者在仰仗不具名消息人士做報導時應謹慎下筆。不管怎麼說，在負面評論中引用匿名人士說法就是不對。（《號角日報》接獲知情人士密報：「本市市長在個人辦公室收受賄賂」。）這對市長來說就是不公平；如果市長提告，報社這種寫法只是在給自己挖坑，引人逼他們供出「知情人士」的身分。新聞媒體已經明白濫用不具名密報可能有哪些後果，例如

《紐約時報》就立下內規，要求撰稿人告知編輯必須保密的原因，且明確禁止匿名負評。

新聞媒體需要保密消息來源，司法程序偶爾也需要記者提供證據。自從布蘭茲堡案判決定讞的三十五年以來，增修條文第一條顯然不會為這兩者的衝突提供解決之道。在數宗備受矚目的訴訟案中，最高法院以下的各級法院都否決了新聞媒體的憲法主張。最高法院顯然無意重新檢視這些爭議；最高法院會根據增修條文第一條賦予記者拒絕證言權的機率是零。

這個憲法權利主張的問題在於，我們很難說它符合增修條文第一條判決中，有關新聞自由判決的一般走向。從一九三一年的尼爾案開始，最高法院基本上已讓新聞媒體免於事前限制，自蘇利文案以後大抵也不再有對其所發表的事後懲罰。不過最高法院幾乎從未將增修第一條解釋為在保障取得資訊的權利，後來也只將這種保障擴及於對不公開審判的控訴。[88]以這些不公開審判的控訴案而言，最高法院也不是給予只限新聞媒體的特殊待遇，而是判定這些審訊必須向一般大眾開放。新聞媒體想以憲法為根據來擴張特權，應該要改為說服最高法院採取兩個新步驟：首先，最高法院得判定增修條文第一條保障新聞媒體（不論如何定義）有權獲得公眾無法取得的資訊，接下來，最高法院得判定，為來源保密是獲取這些資訊所不可或缺的條件。

記者與他們的律師經常把增修條文第一條對「新聞」自由的保障說得像是在保護某種機構，也就是有組織的新聞媒體機構。史都華大法官的確在一場演講中做過這個假設。[89]只不過，十八世紀可沒有後世才發展出來的那種新聞媒體機構。增修條文第一條在承諾「言論自由與出版及新聞自由」時，肯定只是涵蓋口語與文字書寫表達：它對新聞報紙的保護就跟對政治小冊與書籍的保護一樣多。一旦特別保護某種機構的前提不成立，說法庭應根據憲法給予記者特殊待遇的主張就更站不住腳了。

這一切在在顯示，記者是否該享有拒絕證言權其實是公共政策問題，而非憲法問題。英美法系有一些為人熟知的拒絕證言權，而它們並非依據憲法而來：律師對客戶、醫生對病人、以及配偶彼此之間，前者有權在可能對後者不利時拒絕作證。這些規範是法院與立法機關回應需求而訂立的。一九七五年，美國國會將這種程序正式制度化，明確授權聯邦法院可以規定各種拒絕證言的特殊權利，以符合「基於理性和經驗……可以被解釋的普通法原則」。最高法院在獲得授權以後，承認了律師與客戶、配偶之間、心理治療師與病人對彼此言談交流內容的拒絕證言權。[90]

二〇〇五年，美國哥倫比亞特區聯邦巡迴上訴法院的法官大衛．塔特爾（David Tatel）提議，讓聯邦法院依據一九七五年授予該項職權的法律，賦予記者一項有條件的特權。[91]他說，基於「理性與經驗」，我們得採取這一措施，既因為新聞媒體是揭發官方濫權的重要工具，也因為美國有四十九州（懷俄明州除外）都已透過州法或司法判決賦予媒體某種形式的特權。

塔特爾法官也提到「致力求真的兩個機構之間的衝突：大陪審團與新聞媒體」。他建議訂立一種能調和雙方利益的有條件特權，但這種特權的條件不是史都華大法官在布蘭茲堡案不同意見書中提倡的那種包括三個部分的測試標準。塔特爾指出，史都華的標準遇到政府追查內部洩密來源時就行不通了：在這種情形下，知情的只會是洩密者與記者，所以政府永遠都能證明沒有其他證人可傳喚。反之，塔特爾表示，法院應以利益權衡的方式決定是否要強制揭露消息人士身分：利益權衡應衡量洩密造成的傷害與新聞採訪帶來的公共利益孰輕孰重，以及衡量被洩漏的訊息又有怎樣的價值。因此，比方說，如果政府想知道是誰洩漏了小布希總統的非法竊聽令，法院應該在洩密造成的傷害與這項訊息公諸於世的重要性之間權衡。我個人認為後者顯然更重要，這些記者也有權不透露線民身分。

塔特爾提出的有條件特權絕不是在保證新聞媒體每次必勝無疑。從促使他做此提議的爭議案例就清楚可見：《紐約時報》記者茱迪思．米勒（Judith Miller）與《時代》雜誌記者馬修．庫柏（Matthew Cooper）藐視法庭罪的訴訟程序。爭議的起因是有人洩漏了伊拉克據傳擁有大規模毀滅性武器的相關消息。小布希總統在二〇〇三年的一場演說中表示，伊拉克的海珊總統擁有這類武器的決心，透過一份情資報告表露無遺：那份報告指出伊拉克有意在非洲尼日共和國購買鈾礦。二〇〇三年七月六號，《紐約時報》刊載了一篇約瑟．威爾森（Joseph Wilson）的特約評論，曾任美國外交大使的他自稱曾被派往尼日進行調查，並且發現小布希引用的那份報告內容不實。[92]這篇文章讓小布希當局火冒三丈。很快地，保守派專欄作家羅伯特．諾瓦克（Robert Novak）也為文表示，有高層消息人士向他透露，威爾森的妻子薇樂莉．普萊姆．威爾森（Valerie Plame Wilson）是中情局秘密探員，威爾森是在她建議下被派往尼日的。揭露秘密情報人員的身分有犯罪嫌疑。一名特別檢察官受命調查這件事，並傳喚米勒與庫柏到大陪審團前作證，要他們供出是誰告訴他們威爾森夫妻身分的內情，但兩名記者拒絕回答。庫柏最終托出答案，不過米勒坐了八十五天牢，直到她說消息來源准她吐露實情為止——原來那人是路易斯．利比（Lews Libby），副總統錢尼的幕僚長。米勒隨後獲釋。

米勒與庫柏不服藐視法庭的判決，將此事提交至上訴法院，而塔特爾法官就是因應本案提出了法院該給予記者有條件特權的想法。他的同僚不同意他的觀點，不過他還是寫了一份意見書，把他的提議應用於分析本案情事——而他的結論是這兩名記者不該享有拒絕證言權。他表示，因為另一方面，洩漏情報人員的身分不只茲事體大，還很可能有犯罪之嫌，相較之下，透露薇樂莉．普萊姆之姓名與職業的新聞價值「微不足道」。

塔特爾作為法官的專業聲譽卓著，對增修條文第一條相關權益特別敏銳也是眾所周知。新聞媒體與其律師若想將他的意見書斥為偏狹不公，很難說得通。或許對新聞業來說，更好的作法是把這個案例視為警告：他們不該無限上綱自己的訴求、以為能自外於法界和輿論主流。

早在多年前就有一位新聞媒體的摯友提出這個警告，那就是最高法院的布倫南大法官。一九七九年，當新聞媒體公司在最高法院敗訴後吶喊憲法蒙塵之時，布倫南敦促他們在申訴時要更謹慎與理性。他又表示：「這麼做可能會讓人經歷某種純真的幻滅，吾人得體認，那就是新聞媒體如同其他機構，必須與各種社會重大利益相互調適。」[93]

第七章

恐懼本身

「愛國情操正如自由，多少罪愆假其名而行之！
這樣的狂熱在每個時代都帶來追捕異端與焚燒女巫者，
也是偽善人士最愛的面具，用以粉飾他們缺乏的那種美德。」
——鮑金法官——

恐懼與仇恨之為惡

一九一八年年初，美國加入第一次世界大戰的隔年，蒙大拿州通過該州的反煽動叛亂法（sedition law）。凡在戰時針對美國政府、憲法、國旗或軍服的「口述、印刷、書寫或出版任何不忠、褻瀆、暴烈、粗鄙、輕侮或不當言論」，或蓄意發表使前述對象「遭人輕蔑侮慢或名譽受損」的任何內容，都構成犯罪，最高可處兩萬美元罰金與二十年徒刑。

隔年，蒙大拿州就有七十九人因為這部含糊其辭的法律被定罪。一名房地產商被判有罪，因為他曾說：「就因為我不買自由公債（Liberty Bonds），又不配戴他媽的國旗，他們就說我是親德分子。」綿羊農場主被佃戶指控想驅逐他們，因此獲罪。葡萄酒商的巡迴推銷員被判處七年半到二十年的勞役，原因是他說戰時的食物管制「是個天大的笑話」。許多人因為在酒吧發表幾句評論就被定罪。

蒙大拿州與地方政府委員會戮力實踐他們的愛國理念。蒙大拿國防委員會發出命令，禁止在各級學校與教會說德語（該州有幾個德裔社群）。一名暴徒在利斯文頓市

（Lewistown）闖進某間中學，奪走所有的德語教科書並當街焚燬。報紙也在助長民眾對德國陰謀詭計的恐懼。《海倫娜獨立報》（*Helena Independent*）編輯威爾．坎貝爾（Will Campbell）警告大家要小心有毒的豆子被人夾帶入境；在聽到神秘飛機現蹤的傳聞後，他又寫道：「德國人準備轟炸蒙大拿首府了嗎？」

蒙大拿與歐洲戰場相距千萬里，照理說應該最不會被對敵國的恐懼所籠罩。該州這段令人難以置信的紀錄透過二〇〇五年出版的一本書籍才公諸於世：《黎明前最黑暗的時光：美國西部的煽動叛亂與自由言論》（*Darkest Before Dawn: Sedition and Free Speech in the American West*），作者是密蘇拉市（Missoula）蒙大拿大學新聞學院的克雷門斯．沃克（Clemens P. Work）；我前面的例子就是從中取材。這本書引發非比尋常的後續事件。蒙大拿大學法學院的學生在某堂課上研究了那些罪案，與犯人家屬取得聯繫，並且協助他們起草赦免請願書。雖然這些因一九一八年的法律被判煽動叛亂罪的州民已經離世，二〇〇六年五月，州長布萊恩．施威澤（Brian Schweitzer）仍然追加赦免了其中七十八人的罪名（餘下那一人早先已獲赦）。施威澤發表聲明：「我很抱歉，請人民原諒我。

天佑美國，因為我們現在有批評政府的權利。」施威澤同時強調，當初提出那部法律的州長山姆．史都華（Sam Stewart）早該做此表示。

蒙大拿在一戰期間的愛國狂熱是全國現象的縮影。事實上，另有一部聯邦法律是以蒙大拿的反煽動叛亂法為模版，也就是經威爾遜總統力促、由國會通過的《反煽動叛亂法》——這是繼一七九八年那部同名的法律以來，美國首次出現相關新法。新的聯邦《反煽動叛亂法》與蒙大拿版只在三個微小的用詞上有差異。在亞伯拉姆斯案中，從紐約市大樓樓頂撒傳單的激進分子就是依這部聯邦法律被定罪，霍姆斯大法官也為了這個案子寫出他第一篇留名青史的言論自由之不同意見書（「這是一場實驗，正如同人生就是一場實驗」）。

聯邦《反煽動叛亂法》與依據它在戰時修訂的一九一七年《間諜法》侵害了許許多多不為人知的受害者，除了因為最高法院審理過他們的案件而為我們熟知的那些人之外。沃克的書援引了克倫斯．瓦德隆（Clarence Waldron）的案例：他是佛蒙特州溫莎郡（Windsor）的五旬節教派牧師，因為在查經班上告訴學員「基督徒絕不能參戰」，還有「別為國家流你寶貴的血」，被判有罪。陪審團認為他的話顯示出「導致抗命、不忠與拒絕服役」的意圖，他因此被定罪並被判處十五年徒刑。超過兩千名美國人都因為《間諜法》與《反煽動叛亂法》被起訴，而他們對國安的危害並不比瓦德隆更嚴重。

美國社會似乎有此特色：時不時就要被恐懼挾持，而那種恐懼完全是政客炮製出來的。一七九八年，美國人害怕的是國家可能被法國雅各賓恐怖分子滲透，就連理智如亞當斯夫人，也感染了這種恐懼。十九世紀中葉，「一無所知黨」（Know-Nothing Party）*提出警告：羅馬天主教移民會帶來嚴重危害。第一次世界大戰過後，群眾煽動分子鼓動簧舌，讓許多美國人相信政治激進分子將會害死他們。

當然，沒有任何社會能免於恐懼的蠱惑。德國是文化高度發展的國家，猶太族群也

* 編註：本土美國人黨（Native American Party）在一八五五年改名美國人黨（American Party），被通稱為「一無所知」運動，在一八五〇年代短暫崛起為美國主要政黨之一。它堅持本土主義，強調土生土長的新教徒，主要政見是反對歐洲羅馬天主教徒如愛爾蘭人、德國人、義大利人之大量移民。它原本是個秘密結社，成員若被外人問起有關組織的詳情時，一律都回答「我一無所知」，因此得到此一綽號。

在其中占有重要地位，直到一個反猶的大屠殺狂徒掌權為止。美國雖然歷經不止一次經濟困境，倒是從未陷入威瑪德國那種危難。美國地大物博，理應較不易受恐慌侵擾，不過這一個假設一再遭到歷史推翻。即使在第二次世界大戰後經濟蓬勃成長的時代，美國還是又興起了一波「紅色恐怖」（Red Scare）。國會委員會以強大民意為後盾，四處聲討共產主義分子：麥卡錫參議員在一九五〇年代橫空出世，恐共現象也藉由這位操弄恐懼與仇恨的大師達到顛峰。

美國參與一戰期間的過度愛國狂熱，在戰後由對第一波美國紅色恐怖所產生的憤怒接棒。俄國的布爾什維克革命挑起民眾對各種激進主義的恐懼，不論是社會主義者、共產主義者，還是無政府主義者。工業家認為罷工是革命分子在操盤，尤其是令人害怕的激進工會，即世界產業工人聯合會（Industrial Workers of the World，IWW）所發起的活動。政治人物順勢拿這種恐懼大做文章。有二十州立法禁止「違法工聯主義」，無論被告個人是否抱持這類觀點，又是否真的據此行動，凡是加入主張鼓吹暴力以達政治目的之組織者，都因為這些法律獲罪（惠特尼案當事人就是因為加州的《違法工聯主義法》

〔Criminal Syndicalism Act〕遭到起訴，本案也促使布蘭迪斯大法官為言論自由寫下經典論證。）

一九一九年，維克多．柏傑（Victor Berger）代表社會黨在威斯康辛州競選成功，不過美國眾議院拒絕讓他就職。一九二〇年，紐約州眾議院剝奪五名當選的社會黨黨員的議員席位，引發查爾斯．伊凡斯．休斯的強烈反彈。休斯曾任紐約州州長與最高法院大法官，並在一九一六年為共和黨披戰袍競選總統，以些微差距敗給威爾遜（他在一九三〇年被任命為首席大法官）。休斯說那是「針對我國公民大眾所犯下最嚴重的錯誤……乃是藉由剝奪他們組成和平政府的唯一資源，亦即投票……。」[94]

威爾遜以進步民主黨員的形象參選，擔任總統時也推行重大經濟改革措施，在公民自由權方面卻留下糟糕的紀錄，其中包含對言論與新聞自由的破壞。他提出高壓的一九一七年《間諜法》與一九一八年《反煽動叛亂法》，並敦促國會立法懲治任何可能被敵人利用的戰時出版物（在報紙社論一片撻伐之後，國會否決了他的提案）。時任郵政總局局長的亞伯特．布勒森（Albert Burleson）將他認為有礙戰備的所有出版物不予遞送。譬如，他解釋道，「報紙不能說政府被華爾街、軍備生產商，或任何特殊利益團體控制。」[95]

不過，為那個時代留下最驚人印記的人，要屬威爾遜的司法部長A・米切爾・帕爾默（A. Mitchell Palmer）。司法部幹員在他指揮之下，於一九一九年十一月及次年一月進行多次搜捕，逮捕超過四千名激進分子嫌犯。這些稱為「帕爾默大搜捕」（Palmer Raids）的行動專挑外籍人士，有大約八百人被驅逐出境，其中最出名的或許是無政府主義者暨作家艾瑪・高德曼（Emma Goldman）。她在驅逐她的出境聽證會上說的話與休斯不無相似之處：「人民能自由地表達希望與志向，是一個健全社會最穩固的安全保障，也是唯一的保障。」[96]

司法的力量

增修條文第一條是為了確保美國人民能自由地信其所思及言其所思。不過在充滿恐懼與壓力的時代，一再有人民因為個人的言論與信念而遭到追捕、羞辱與懲罰。我們期待法院會堅守我國對自由的堅定信念。本書也如同其他著作，傾向根據司法判決來界定美國有多自由。不過法院並非一直都是言論自由的擔保者。

法院完全沒有出手約束一七九八年《反煽動叛亂法》造成的粗暴後果。在這部法律失效前，其合憲性從未經過法院確切的解決，不過幾位最高法院大法官在擔任下級審法院法官適用執行這部法律時，並沒有表現過一絲遲疑。反倒是麥迪遜、傑弗遜與他們的支持者，以自由主義者的立場向《反煽動叛亂法》發出抗議聲。是這群政治人物——而非法官——說服了當時的民眾：《反煽動叛亂法》違反我們對自由的承諾。這個說法也通過了歷史的考驗。在一戰當中與後續期間，法院完全沒有出手阻止帕爾默大搜捕與其他政府鎮壓行動。後來讓政策逐漸轉向的力量是休斯、察菲教授與其他思想開明者發出的批評。值得注意的是，當時著名的新聞媒體並未發出捍衛自由的先聲，而是傾向附和政府。其他帶頭倡議自由的是民間組織，例如一九二〇年創立的美國公民自由聯盟（American Civil Liberties Union）。

一九四四年，漢德法官在紐約中央公園一場戰時集會發表演說，講題是「自由精神」，其中有這個常為人引用的段落：「我經常納悶，我們是不是在憲法、法律和法院放了我們太多的希望。相信我，如果有的話，這些希望都放錯地方，全都錯付了。自由繫於人心；人一旦對自由心死，憲法、法律或法院都無法予以挽救，這三者到那時候大抵都無濟於事了。自由長存人心時，無須憲法，無須法律，也無須法院來加以拯救。」

漢德法官這席話令人難以忘懷，也蘊含一個真諦：一個不珍視自由的社會，無法靠法院來維持自由。不過這段話也是誤導人的誇大之詞。以近代歷史為鑑，法院其實扮演著重大角色，因為法院能激勵人心向自由。霍姆斯與布蘭迪斯就如亞歷山大・漢彌爾頓（Alexander Hamilton）對法院的形容，「既掏不出銀子，也使不了利劍」。但他們掌握文字的力量。美國社會後來在二十世紀益發推崇言論自由，時不時會突然醒悟增修條文第一條許下何等承諾，他們的文字就發揮了相當影響。

我們不妨來看看最高法院審理的兩件訴訟案，分別在相隔十二年的一九二五年與一九三七年。一九二五年，最高法院在吉特羅訴紐約州案中維持激進分子吉特羅的有罪判決。吉特羅為某個左翼小團體發表一篇宣言，呼籲全民採取行動，發起「革命性的無產階級專政」。他的罪名並不包括意圖挑起立即的革命或暴動。霍姆斯大法官根據他「明顯且立即的危險」標準，與布蘭迪斯大法官共同發表不同意見書。他表示，「與被告理念相同的是某一實屬小眾的群體，並不致造成顛覆政府的立即危險」。他又繼續闡述：

> 有人說這篇宣言不只是理論，而是一種煽動。然而，每種思想都是一種煽動。思想本身能帶來信念，如果這信念被真心相信，便會帶來行動，除非又有其他信念取而代之，或是思想運動甫萌芽便因動能不足而凋零。一段言論究竟只是意見的表達還是煽動，以較狹義的標準判斷之，唯一分野在於表意人對其結果的熱衷程度。辯才能使理性轉為烈焰。不過，無論我們對本案當事人冗長的論述有何觀感，它都毫無機會引發立即的大火。如果無產階級專政的信念終將被社會主流勢力接受，那麼言論自由的唯一意義就在於，這些信念都該有機會獲人傾聽並實行之。[97]

霍姆斯將吉特羅的宣言不留情面地評為「冗長的論述」，說明了他以一種務實的態度來看待本案與其他類似官司。吉特羅並非美國社會的威脅。數十年後的我們還真想不透，當年政府為何要為他勞師動眾。還有數百樁案件是因為蒙大拿反煽動叛亂法等州法和聯邦《間諜法》、《反煽動叛亂法》遭到起訴，也同樣不切實際。不過最高法院的多數大法官不為所動，激進分子的言論若疑有他們不認同的「傾向」，他們就會維持有罪判決。（吉特羅案判決之所以重要其實另有原因。在過去，一般認為增修條文第一條只保障言論自由與出版及新聞自由免於聯邦政府壓迫，而最高法院首次接受第一條因第十四條也適用於各州的論點，就是愛德華．山福德〔Edward T. Sanford〕大法官為本案撰寫的多數意見書。從那時起，許多增修條文第一條自由權的發展大多來自州訴訟案。）

一九三七年，最高法院做出兩個判決，顯示他們最關切的已不再是對激進主義的恐懼。在德．瓊治訴奧勒岡州案（De Jonge v. Oregon）中，迪克．德．瓊治（Dirk De Jonge）協助舉行一個由共產黨主辦的集會，被依違反奧勒岡州違法工聯法定罪。那次集會並沒有被控以鼓吹「違法工聯主義」或暴力行為的罪名，被告罪名成立的唯一根據是主辦單位是共產黨。

最高法院一致通過，推翻德．瓊治有罪的判決。這類訴訟案通常會探討被告是否有導致明顯且立即危險的實質惡意，不過負責撰寫本案意見書的首席大法官休斯沒有論及此事，反而把重點放在言論與集會自由的普遍重要性，而這些也是受增修條文第一條保護的權利（「國會不得制訂法律……剝奪人民言論自由或出版及新聞自由；剝奪人民和平集會及向政府請願救濟之權利」）。休斯寫道：「和平集會的權利和言論與新聞自由的權利系出同源，也同等的重要……為合法討論進行和平集會不能被認為是犯罪，為和平政治行動舉辦的集會也不能被禁止。協助舉辦這類集會者，不能因此被烙上罪犯印記。」[98]

與吉特羅和早先全面敗訴的其他被告相較，德．瓊治涉及的法律情境是有所不同。不過我們能感覺到，在這些差異底下，司法界的態度有所轉變，對言論自由的要求變得敏感多了。要是在霍姆斯為亞伯拉姆斯案寫不同意見書的一九一九年，或是惠特尼案判決的一九二七年，德．瓊治恐怕都不會勝訴。

一九三七年的赫恩登訴洛瑞案（Herndon v. Lowry）比較棘手，最高法院最終以五比四的票數支持訴請言論自由的一方。[99] 安哲羅・赫恩登（Angelo Herndon）是一名黑人，也是喬治亞州共產黨的活動組織幹部。出任這種角色肯定需要非凡的勇氣。他因為自己在共產黨內的職位被認定違反喬治亞的法律，而被以「煽動叛亂未遂」定罪。喬治亞共產黨提倡南方黑人族群為主的地區應該「自決」，不過沒有證據顯示赫恩登個人有倡導自決計畫，或是向他遊說入黨的對象鼓吹這種想法。

在最高法院的主要意見書中，歐文・羅伯茲（Owen J. Roberts）大法官把重點放在赫恩登究竟發表過怎樣的言論，又有哪些言論是他其實沒說過的。羅伯茲寫道：「他的共產黨員身分以及他所招募的少數黨員，完全無法構成煽動他人叛亂的未遂犯。在這些情況下，由陪審團裁量共產黨員身分與招募黨員行為構成犯罪、得處以死刑，是對言論自由權毫無正當理由的侵犯。」威利斯・范・德文特（Willis Van Devanter）大法官的不同意見書提及另一點：赫恩登的目標受眾——南方黑人，是易受影響的族群。范・德文特寫道，赫恩登傳播的資料「主要訴求的民眾，因其過往與今日之處境，可能導致他們特別容易相信資料中煽動挑唆的部分。」

愛國的試煉

從一九三七年的德．瓊治案與赫恩登案可以看到，對激進意識形態的恐懼雖然主導了最高法院先前的判決，不過這種影響到了這兩個案子已經消退，而且言論自由已躍居首重考量。從另一個例子也能看出言論自由的理念有怎樣長足進步：一九四〇年宣判的坎特威訴康乃狄克州案（*Cantwell v. Connecticut*）。一位耶和華見證人教派（Jehovah's Witness）*的巡迴牧師在一個以天主教徒為主的社區中譴責羅馬天主教教會，因此被判妨害治安罪。這件案子與民眾對激進教義的恐懼並不相干，而是觸及另一個法律議題。

* 編註：耶和華見證人是美國基督教的一個新興教派，總部位於紐約的布魯克林，主張信仰的本質與信徒的生活必須完全歸本於聖經，因此追求回復西元一世紀時的基督教。該教同時有強烈的反政府傾向，反對服兵役或向國旗敬禮。他們甚至也不慶祝聖誕節或復活節。

但在羅伯茲大法官推翻本案原判的意見書中，清楚的呈現言論自由在當時最高法院所關心的排序中所占的位置：

不論是宗教信仰或政治信念的領域中都存在天差地別的見解。在這兩大領域，一人的信條在他鄰居眼裡可能是罪大惡極的錯誤。如同我們所知，發言者為了說服旁人相信他的觀點，有時會訴諸誇大其詞，或中傷過往和現在在教會或國家中的顯要人士，甚而作不實陳述。不過我國人民以史為鑑，已然有所定論：即使這些自由權有過度或濫用之可能，長遠觀之，仍是民主國家公民見解開明、行為正直所必要。[100]

對美國來說，第二次世界大戰是遠比第一次世界大戰更具威脅的衝突。因為日本在一九四一年九月七號突襲珍珠港，美國在戰爭初期就有為數可觀的艦隊被摧毀。小羅斯福總統隨即採取行動，從而導致很可能是美國史上在戰爭或艱困時期對憲法權利最嚴重的一次侵害。他授權軍隊指揮官阻止所有日裔人士停留在美國西岸地區。因此約有十二萬人被強制遷出自宅，拘禁在地處沙漠、被鐵絲網圍繞的「再安置營」（relocation camps），其中超過八萬人是美國公民。為何如此？恐懼再度成為主因——由政客散播、害怕日本即將入侵美國的恐懼。深具人道情懷者如厄爾．華倫（時任加州司法部長，後陸續擔任加州州長與美國首席大法官）也力促遷移方案，他說，因為要分辨一名日裔美國人是忠於國家還是不忠於國家是不可能的事。事實上，二戰期間完全沒有日裔美國人被依任何不忠罪名起訴。

最高法院拒絕宣告迫遷違法，讓這場公民自由權的災難更是雪上加霜。在一九四四年的是松訴合眾國案（*Korematsu v. United States*），是松豐三郎（Fred Korematsu）因為在加州逗留，被判違反軍令的罪名，而最高法院維持了這個判決。不過法蘭克．墨菲（Frank Murphy）、羅伯茲與勞勃．傑克森（Robert H. Jackson）三位大法官持不同意見。傑克森大法官寫道：

軍令不論再如何違憲，其效期均不會長於軍事緊急狀態期間。〔不過〕一旦經司法意見予以合理解釋並認該軍令符合憲法規定，或甚至予以合理解釋而認為憲法准許此類軍令，則最高法院便是永遠地承認，不論是刑事訴訟程序中的種族歧視原則，或是可以迫遷美國公民的原則，均具有正當性。如此，則這種原則如同上膛的武器，任何當權者凡能為緊急需求找到貌似有理的主張，都能隨時動用。[101]

日裔人士再安置方案並未涉及增修條文第一條。在言論與新聞自由方面，美國社會在二戰期間的紀錄比一戰時改善許多。雖有少數幾名同情德國的人被起訴，但沒有出現讓無辜百姓長期坐監的大規模恐慌。在一戰期間，美國人因為拒絕購買自由公債遭到起訴，到了二戰時，向國旗致敬成為愛國心的測驗。兒童如果拒絕向國旗行禮會被逐出公立學校，耶和華見證人的信眾就是個例子，因為他們認為他們的宗教禁止這類禮敬行為。一九四〇年，在邁納斯維爾學區訴戈比提司案（*Minersville School District v. Gobitis*）中，拒絕向國旗行禮的學童提起上訴，結果被最高法院駁回，只有首席大法官哈倫・斯通（Harlan F. Stone）提出不同意見。[102]不過這個判決廣受批評，最高法院也在三年後改變心意。一九四三年，最高法院在西維吉尼亞教育委員會訴巴尼特案（*West Virginia Board of Education v. Barnette*）中以六比三的票數通過，判決強迫向國旗行禮違反增修條文第一條。傑克森大法官在他撰寫的多數意見書中表示：

> 強制統一意見只會導致墳場般的一片沉寂。這或許是老調重彈，但在此仍必須提出：憲法增修條文第一條的立意正是藉由防範如此開端來避免如此後果……我們能擁有知性的個人主義與豐富的文化多樣性，要歸功於傑出的心靈，唯一的代價即是偶發的離經叛道與異常態度。如同本案當事人，當他們對旁人與國家並無任何危害，這種代價也不算太大。不過，表達異議的自由不應僅限於無足輕重之事，否則這將只是自由的一抹影子。對該自由的實質考驗是對觸及既存秩序核心的事物我們能否有表示異議的權利。

若說在我國憲政的穹蒼中有哪顆是恆定不動之星，那就是官員不論其職位高低，絕不能為政治、國族主義、宗教或其他事務規定什麼是正統意見，也不能強迫公民以言語或行動對這些議題表白個人信念。[103]

傑克森大法官說增修條文第一條不允許政府強迫人民表態的論點，在三十四年後被最高法院援引，用來推翻一對耶和華見證人夫婦的有罪判決：[104]這對夫婦用膠帶貼住了新罕布夏州汽車牌照上的州座右銘「不自由，毋寧死」（Live Free or Die），並因此獲罪。首席大法官華倫．柏格（Warren E. Burger）說，增修條文第一條的思想自由「既包含自由表意的權利，也包含完全不表意的權利。」

紅色恐怖中的政治操弄

二戰將盡時，增修條文第一條似乎已在法院與全國上下確立了強而有力的地位。把批評政府或官員的民眾下獄並長年關押的執法準則，至此已不復見。然而不出幾年，美國又陷入另一波紅色恐怖。恐懼侵蝕了言論與集會結社的自由，法院也沒有適時有效地回應這個挑戰。

這種恐懼的源頭是美國與蘇聯的冷戰。二戰結束時，蘇聯接管德國占領的東歐各國（波蘭、捷克斯洛伐克等國），強加共產統治，蘇聯大軍向西開進的魅影就此升起。德國本身分裂成東西兩個政權，是造成特殊的緊張狀態的一個原因。美國國內也開始害怕有不忠誠的美國人暗中協助共產黨人滋事，野心勃勃的政客遂加以挑撥。共和黨在一九四六年贏得眾議院多數席次後，就利用眾院非美活動調查委員會（House Un-American Activities Committee）的聽證會製造令人不安的印象，讓人以為共產黨正在滲透到中小學與大學院校、新聞媒體，甚至是好萊塢。電影導演與作家被傳喚，其中有十人拒絕出席作證——人稱「好萊塢十君子」（Hollywood Ten）。他們因此被控藐視國會並遭到起訴。

這些人被稱為「不友善的證人」（unfriendly witnesses），而他們辯稱，逼迫他們作證指控自己參加的組織、供出他人姓名，侵犯他們受增修條文第一條保障的言論與信仰自由。當這種辯解失敗後，有些人因藐視國會的罪名入獄。就算有人逃過藐視罪責，也難逃公開羞辱或顛覆分子的汙名。這些好萊塢人士被影視界列入黑名單，有些人改以假名撰寫劇本。一本名叫《紅色頻道》（*Red Channels*）的雜誌刊載他們認為是親共分子的廣播演藝人員名單，許多人因此再也無法在廣播或電視上露臉。

透過一九五九年的巴倫布萊特訴合眾國案（*Barenblatt v. United States*），最高法院再度考量了增修條文第一條的課題。[105] 洛伊．巴倫布萊特（Lloyd Barenblatt）是瓦薩學院（Vassar College）的教師，他拒絕將共產黨過去與現在的黨員名字告知非美活動調查委員會。最高法院以五比四的票數駁回他根據憲法提出的主張。哈倫代表多數大法官表示，國會調查顛覆活動的權益應優先於巴倫布萊特保有信念隱私的利益。他表示，雖然巴倫布萊特聲稱該委員會的用意不在立法，純粹是為揭發而揭發，但最高法院不能衡量這種說法是否真確。持不同意見的布萊克大法官則表示：「〔本案多數大法官〕未顧及與巴倫布萊特保持沉默的真正利益，亦即全體人民參加組織、宣揚理念，犯下政治『錯誤』，並且不會因勇於獨立思考而遭到政府後續懲處的相關利益。這種犯政治錯誤的權利，就是我國保持強盛的原因。」

在那些年間，最高法院只判定過一次國會調查違反增修條文第一條。起因是新罕布夏州反常地指派該州司法部長負責州議會的調查委員會，而且成員只有他一人（當時新罕布夏州政府由極右派主導）。保羅．史威齊（Paul Sweezy）是左派經濟學教授，當司法部長問及他在新罕布夏大學講授的某堂課程內容、以及左翼第三政黨進步黨（Progressive Party）時，史威齊拒絕回答，因此被判藐視議會，而最高法院以六比三的票數推翻這個判決。本案最關鍵的一份意見書是由法蘭克福特大法官執筆、哈倫大法官加入發表的協同意見——這兩位是當時最高法院最重要的保守派，而這份意見書的重點就放在增修條文第一條。法蘭克福特如此權衡在本案中互相衝突的利益：

> 公民的個人政治忠誠所具有的隱私不可侵犯性，對於像我國這樣的社會之健全至關重要；因為進步黨被聲稱會對新罕布夏州的安全造成的威脅是如此的微弱且模

糊，國家利益所受到侵犯也因此微不足道，故而不足以成為合憲限制這項不可侵犯性的基礎……與政府介入大學智識生活將造成的嚴重傷害相權衡，強迫證人討論其授課內容的理由顯得極其失當。[106]

法蘭克福特於一九三九年獲小羅斯福總統任命為大法官之前，在哈佛法學院擔任教授。在後續年間，大學院校與教員凡被輿論圍攻，經常援引他在這份意見書中為學術自由發出的捍衛之聲。新聞媒體往往主張（雖然並不成功）增修條文第一條賦予他們優勢地位，而這個增修條文第一條規定保護學術自由的說法，可以說在某方面回應了媒體的主張。

不過有多年時間，獲增修條文第一條保護而免於作證指控共產組織的僅有史威齊一案。雖然有人期望法院出面阻止操弄恐懼的政治手段，但他們都大失所望。參院委員會與眾院非美活動調查委員會競相揭發被指為赤化分子的對象。參院常設調查小組委員會（Permanent Investigations Subcommittee）在麥卡錫議員任主席時期變得最為出名（換個立場來說是最惡名昭彰），不過在一九四〇年代晚期與一九五〇年代的反共聖戰當中，行政部門的表現也不遑多讓。

激情與恐懼

哈利・杜魯門總統為政府全面設立忠誠方案，凡有雇員涉入疑似有害組織而有不忠之嫌者，都會因為這個方案被解雇。忠誠委員會（loyalty boards）是根據線民檢舉來裁決，不過被檢舉的一方往往無法得知線民的身分與證詞。多年間都有人力促最高法院出面宣告這類措施違憲，因為剝奪了受害人應受憲法保護的正當法律程序對待，這不禁令人聯想到法國在大革命之後那些年，也有受害者僅是因為幾句告發就被送上斷頭臺所受到的指責。不過這樣的努力以失敗告終。忠誠方案與杜魯門政府的其他反共措施都是冷戰的產物，部分也反映出對共產主義滲透的真正擔憂。然而這些作法也是為了反擊共和黨，因為他們曾抨擊民主黨「對共產主義硬不起來」——麥卡錫參議員曾發表演說，控訴民主黨自小羅斯福於一九三三年首次就職總統以來已經「叛國二十年」，把這個政治議題推上了高峰。

根據忠誠方案規定，有不忠嫌疑的政府雇員可以出席特別委員會的聽證會為自己辯護，然而這些聽證會缺乏公正程序的要素。起訴當事人所根據的陳述來自未經交叉質詢的匿名線民，檢舉理由本身也與真正的政府安全威脅相距甚遠，經不起理性考量。桃樂絲・貝禮（Dorothy Bailey）為聯邦政府從事非機密工作，一名委員會成員在她的忠誠聽證會上問她：「妳曾就血液種族隔離一事寫信給紅十字會嗎？」貝禮是黑人，也是布林莫爾學院（Bryn Mawr）的校友。霍姆斯大法官在身後捐給國家一筆基金，最高法院院史就用這筆款項撰寫並出版，而威廉・威塞克（William M. Wiecek）在院史第十二冊中提到貝禮聽證會這個情節，並且表示：「當時風行的種族與性別歧視也感染了背景安全審查程序，部分調查人員有意肅清民權運動人士與公民自由主義者。」107

貝禮的聯邦政府終身職遭到剝奪，因為「有合理依據使人相信您對國家不忠……」。貝禮提告，主張她有權與檢舉她的人對質。哥倫比亞特區聯邦巡迴上訴法院以二比一的票數駁回她。本案上訴最高法院時，因為一名大法官不在任，投票以四比四平手，而原判在大法官票數平手時即維持不變。最高法院從未直接解決國安忠誠審查利用不具名線報的難題。

等到杜魯門政府起訴美國共產黨領袖時，那個時代終於迎來一場關鍵的司法考驗，最終以最高法院一九五一年的丹尼斯訴合眾國案（*Dennis v. United States*）判決畫下句點。[108]本案十一名被告的罪名是共謀「教導及煽動他人以武力或暴力顛覆並摧毀美國政府」。不是真正顛覆政府未遂，也不是共謀顛覆政府，只是共謀教唆——這個差別經常在本案審訊引發的風風雨雨中遭人遺忘。美國共產黨在黨內文件中宣稱放棄使用暴力，不過為本案作證的前黨員說，那些支持和平改革的黨員是在使用「伊索寓言式的語言」掩飾暴力意圖。陪審團判定這十一人罪名成立。

聯邦第二巡迴上訴法院由最孚人望的漢德法官主筆的意見書，維持原判。漢德在意見書中為霍姆斯的「明顯且立即危險」檢驗標準提出新的版本：「『危害』的嚴重性，扣除其發生的不可能性之後，是否能合理證明對言論自由的限制是防止該『危害』可能發生之危險的必要手段。」若我們認為會有嚴重危險，就會通融對言論的壓制，即使這種危險確實成真的機會微乎其微。時任最高法院首席大法官的弗雷德．文森（Fred M. Vinson）採用了這種浮動標準，而丹尼斯案的原判最終也維持不變。

司法準則的細微辯證無法掩飾丹尼斯案真正的本質。在當時的世界，蘇聯構成非常嚴峻的危險。在美國，公開活動的共產黨對政府體系不足為害，真正的威脅是蘇聯運作的間諜網絡。蘇聯在當時的間諜活動的涵蓋範圍透過一九九五年發表的維諾那文件（Venona documents）公諸於世，內容包含美國截獲並解碼的蘇聯探員電報。這些電報顯示，蘇聯為想獲取機密情報，曾積極利用美國共產黨黨員與秘密支持者。不過，在維諾那計畫截獲情資時就知情的美國官員，卻選擇不以進行或支持間諜活動的罪名起訴共產黨領袖，而是控告他們共謀教唆革命暴力，如同丹尼斯案。原因何在？西北大學法學院的馬丁．瑞迪許（Martin H. Redish）教授寫道，有個可能解釋是，時任聯邦調查局局長約翰．艾德嘉．胡佛（J. Edgar Hoover）意在告知全國：「想投身不受歡迎的政治思想，後果自負。」[109]我認為這解釋有道理。簡而言之，對丹尼斯與其他共產黨黨員的教唆行為起訴，從頭到尾都是出於政治決定。

此外，丹尼斯案援引的司法先例也深具諷刺意味，也就是漢德法官修改過的「明顯且立即危險」這一標準。漢德從未欣賞過這個檢驗標準，也不認為這是對增修條文第一條的明智解讀。他說霍姆斯大法官這麼寫是「智者千慮，必有一失」。[110] 漢德在一戰期間是聯邦地方法院法官，當《群眾》不服郵政總局局長布勒森的禁郵令而提起訴訟時，他曾提出另一種判斷標準。漢德認為關鍵問題應該在於：導致政府採取行動的言論或文字，是否有明白表示想造成違法結果的意圖。不過他的方法未被當時的上訴審所採納，到了丹尼斯案的時代也已然被遺忘。漢德覺得自己不得不遵循霍姆斯所提出的測試標準，然而他改版的標準所提供的保護程度比霍姆斯的原版差多了——霍姆斯認為即使是意圖教唆不法也應保護，只要教唆對於結果的真正發生不會引發立即的危險。漢德個人對丹尼斯案抱持懷疑態度，他寫信對朋友說：「我個人是絕不會起訴這些傢伙。」[111]

布萊克與道格拉斯大法官對本案判決提出不同意見。布萊克寫道：「有鑑於時下輿情如此，少有人會抗議這些共黨上訴人的罪名。然而，等時代更為太平，現下的壓力、激情與恐懼消退，希望現任或後繼最高法院成員，可以恢復增修條文第一條保障的自由權在自由社會中應有的優越地位。」

在第二波紅色恐怖中，言論與信仰自由遭到嚴重侵犯。國會聽證會、丹尼斯案判決、聯邦政府忠誠方案，以及其他不勝枚舉的州級與聯邦反共法律，幾乎都在督促所有人的循規蹈矩，除了那些大無畏的美國人。從一九三〇到一九四三年（拒絕向國旗行禮的巴尼特案在這一年定讞），最高法院對增修條文第一條的詮釋越來越寬廣，到紅色恐怖期間又縮減了。從最高法院的表現看得出來，他們無意挺身對抗布萊克所謂時下風行的「激情與恐懼」。

不過，美國國內和最高法院的情勢最終仍出現轉變。麥卡錫參議員在一九五四年遭參議院譴責，社會大眾對討伐共產分子的支持也隨他的失勢與過世消退。哈倫大法官在一九五七年耶茨訴合眾國案（*Yates v. United States*）的意見書中表示，對暴力顛覆政府的鼓吹只在有人因此採取行動時才能依法禁止，僅僅是抽象理論上的鼓吹並不違法。

禁止鼓吹暴力顛覆政府的《史密斯法案》（Smith Act）規定，加入有這類綱領的黨派亦屬犯罪行為。為了維持這個黨員條款的合憲性，政府只起訴他們所謂的「活躍」共產黨黨員（當時一名司法部律師在私底下語帶諷刺地向我解釋：「只是共產黨黨員還不夠，你必須要是一個（此時他提高音量）黨——員——！」）一九六〇年，最高法院基於活躍黨員的標準，以五比四的票數維持北卡羅萊納州共產黨黨員朱尼斯·史蓋爾斯（Junius Scales）的有罪判決。[113] 哥倫比亞大學法學院教授泰爾福·泰勒（Telford Taylor）曾任紐倫堡大審的戰犯罪檢察官，他籲請甘迺迪政府減輕史蓋爾斯的五年徒刑。冒著強烈政治反彈的風險，司法部長羅伯特·甘迺迪（Robert Kennedy）也建議減刑，並獲甘迺迪總統同意。史蓋爾斯是最後一個因《史密斯法案》獲刑的人。

一九六九年，最高法院針對鼓吹暴力或違法行為採取了新的檢驗標準。在布蘭登堡訴俄亥俄州案（*Brandenburg v. Ohio*）中，一名三K黨領袖因為在集會中譴責黑人與猶太人遭到起訴。最高法院推翻了他有罪判決，表示這種罪名的判決如果要通過憲法考驗，所謂的鼓吹必須是：第一，直接針對「煽動或促成迫在眉睫的違法行為」；以及第二，「很有可能促成這類行為」。[114] 第一個標準是檢驗發言人的意圖，也就是漢德法官所主張的判斷方法，第二個標準以及「迫在眉睫」的說法，則是融入霍姆斯大法官的概念。

事後看來，丹尼斯案的有罪判決應該無法通過這個新標準。

布萊克法官盼望的太平時代總算到來，增修條文第一條也恢復了優越地位。最高法院又接連判決數個反共法律違憲。其中一個特別耐人尋味的案子是一九六五年定讞的拉蒙特訴郵政總局局長案（*Lamont v. Postmaster General*）。[115] 隨著冷戰加劇，美國政府也推行一個方案，勸阻國人訂閱《真理報》（*Pravda*）這類蘇聯出版品的政策。凡有這類刊物送達郵局，郵政員工就會寄張明信片到收件地址，請收件人回覆是否想要郵局將「共產黨政治宣傳品」寄過去。這種作法後來被甘迺迪政府廢止，但國會迫於狂熱的反共民意，又將它寫入法律繼續執行。訂閱這類刊物的有許多是圖書館，如果回覆想收到「共產黨政治宣傳品」，可能害館方蒙受汙名。一名個人訂戶考利斯．拉蒙特（Corliss Lamont）向法院挑戰這條法律，最終最高法院判定該法律違憲。道格拉斯大法官表示，要求寄回那張明信片「幾乎肯定有嚇阻之效……中小學教師等非終身職的公務員可能會認為，他們要是閱讀聯邦政府認定含有叛國思想種子的東西，會惹禍上身。」令人驚訝的是，拉蒙特案是首次有聯邦法律被判違反增修條文第一條。

時局沒有持續太平下去。拉蒙特案不久後，美國社會就因為越戰陷入勢同水火的分裂。民主黨全國代表大會在一九六八年於芝加哥舉行時，反戰抗議人士與向他們施暴的警隊在街頭混戰。林登・詹森總統私下痛斥那些批評他的人士，說華特・李普曼（Walter Lippmann）*與詹姆斯・雷斯頓（James B. Reston）**等報紙專欄名家都被共產主義矇騙了。不過詹森並沒有像威爾遜總統那樣動用聯邦檢察權、試圖用鋪天蓋地的行動壓制政治異議。當時還是有人被起訴，尤其是以「芝加哥七君子」（Chicago Seven）稱號聞名的反戰團體。他們的訴訟案由性情暴躁又對被告充滿敵意的朱利斯・霍夫曼（Julius Hoffman）法官主審，庭訊後來也演變成法官與被告相互的大聲爭吵。最終，本案被告

* 編註：李普曼是二十世紀中期美國極為重要的作家、記者與政治評論家。他曾兩度獲得普立茲獎，創辦著名政治雜誌《新共和》（*The New Republic*）。他在一九四七年出版的《冷戰》（*The Cold War*）使得「冷戰」一詞成為家喻戶曉的通用詞彙。他於一九二二年出版的《公共意見》（*Public Opinion*）不僅對當代民主社會提出深刻的分析批判，也成為奠定當代新聞學的基礎。

** 編註：雷斯頓亦為二十世紀中葉美國的重要記者，曾兩度獲得普立茲獎。

的所有罪名都在上訴後被推翻。

社會分裂在尼克森於一九六八年當選總統後有增無減。頂尖大學的教學因學運抗爭中斷；尼克森說抗議學生是「廢物」（these bums）。[116]一九七〇年四月三十號，尼克森在白宮向全國發表演說，表示他正把越南戰場擴及柬埔寨，以免美國在全世界眼裡淪為「可憐無助的巨人」。數天後，國民兵在俄亥俄州肯特州立大學（Kent State University）向一群手無寸鐵的學生開槍，導致四人死亡。

最高法院在一九一九年對威爾遜政府的起訴相當配合，但對越戰引發的紛擾就有截然不同的反應了。一九六六年的龐德訴佛洛伊德案（*Bond v. Floyd*）判決是個重大象徵。[117]朱利安．龐德（Julian Bond）當選喬治亞州眾議員，不過該州眾議院投票決定剝奪他的席位，理由是他無法依規定誠實宣示遵守州憲法與聯邦憲法。龐德是民權運動的黑人要角，當選議員前曾為參與運動的學生非暴力協調委員會（Student Nonviolent Coordinating Committee）的一份聲明背書，而這份聲明表示，「我們同情且支持本國不願響應徵兵的男性。」

龐德向喬治亞州眾議院委員會解釋，他不是在鼓勵人民違法，只是想表示「如果有人自知要面對嚴峻後果仍能力行個人信念，我很佩服他們的勇氣。」最高法院一致通過，判決州議會驅逐龐德的行為違反增修條文第一條。首席大法官華倫在意見書中表示，根據憲法，龐德不能因為自己的發言被定罪，這是無須討論即不證自明之事。不過，第一次世界大戰期間，社會黨主席戴伯斯也對徵兵說過類似評語，因此被判有罪且入獄服刑十年。最高法院在一九一九年是一致通過維持原判。

戴伯斯在一九二一年獲華倫．哈定總統特赦。國會在一九二〇年廢止一九一八年《反煽動叛亂法》。一九七六年，傑拉德．福特總統表示，日裔美國人在一九四四年被強制遷離西岸地區的那一天，是「美國歷史上悲傷的一天」。一九八八年，國會通過一項法律並由隆納德．雷根總統簽署生效，撥給一九四四年迫遷方案的倖存者少許賠償金，而雷根表示該方案的主要肇因是「種族偏見、戰時的狂熱與政治領導的失誤」。

假反恐之名的濫權

等到危機時期過後，恐懼逐漸消退，遺憾與道歉在幾年後隨之而來，周而復始。不過這樣的模式在二十一世紀第一個恐懼時代面臨挑戰：二〇〇一年九月十一號，世貿中心和五角大廈遭到恐怖攻擊，使美國陷入對恐怖主義的強烈恐懼。小布希總統趁勢執行一連串嚴重違反美國法律的方案。許多恐怖分子嫌犯被關押在古巴關塔那摩灣（Guantanamo Bay）與中情局在別處的秘密監獄，而小布希授權獄方動用酷刑與其他嚴苛手段刑求囚犯（這種對待違反了美國簽署的《日內瓦公約》和聯邦刑事法。）他下令竊聽美國公民的國際電話，而這違反了刑法。他未經審訊或不讓他們獲得律師訴訟服務，便無限期拘留有與恐怖分子往來之嫌疑的美國公民。

與過去的戰爭和恐懼時期相較，這場小布希總統所謂的反恐戰爭有個不同之處，那就是它遙無止境。全球恐怖分子會在何時舉白旗，讓我們得以宣告勝戰，這是難以預料之事：我們很難想像媒體曝光度最高的恐怖分子領袖奧薩瑪・賓・拉登會如同二戰告終時的日方領導人，登上美國軍艦向我們投降。所以說，我們很難預見，反恐戰爭的過度酷刑會在何時迎來遺憾與道歉。

增修條文第一條與無限期拘留或刑求並無關連。它們只是提醒我們：一個尊重人性與自由的社會的考驗不是只有言論與新聞自由。免於被任意逮捕、拘禁與身體虐待的自由也至關重要。美國制憲者最大的顧慮是政府集權，而他們為我國政體建立的制衡機制就是為了防範這種權力。制憲先賢想避免的後果，正是小布希政府的種種舉措想賦予總統的：既不受政府其他部門克制、也不受新聞媒體克制的單方面權力。布希當局藉由美國史上最鋪天蓋地的秘密行動排除了媒體監督，從而也迴避了公共問責。就連長久以來都能公開調閱的文件也被召回與加密。成功揭發竊聽令等秘密措施的記者遭到間諜罪起訴威脅。

即使在有憲法保障自由的國家，要對抗恐懼與操弄恐懼的人物，只有憲法仍不足夠。我們還需要勇氣。美國遭逢危機時，總有充滿勇氣的律師、記者與人民挺身而出。一戰期間的蒙大拿就有兩個這樣的人物：該州的地方檢察官伯頓・惠勒（Burton K.

Wheeler，後來在二戰前當選參議員，以孤立主義的立場聞名），以及該州的聯邦地方法院法官喬治・鮑金（George M. Bourquin）。前文提過的《黎明前最黑暗的時光》寫到，一九一八年曾有四十八名蒙大拿人遭人檢舉有煽動叛亂嫌疑，並因此被捕，不過惠勒說服了大陪審團不予起訴（那些大陪審團團員也很有勇氣，因為他們的姓名是對外公開的）。惠勒起草了大陪審團發表的聲明：「在許多案例中……我們發現所謂『煽動性發言』與『不忠誠表述』之舉報，均有強烈渲染誇大……由證詞可見，對於最無關緊要的言詞逕行檢舉，顯示出一種歇斯底里在許多社群的民眾心中蔓延……。」[118]

多虧有惠勒與鮑金法官，蒙大拿州沒有人因為《間諜法》獲罪。鮑金法官曾審理一件人身保護令的請願案，申請人因為拒絕親吻美國國旗，被依違反州煽動叛亂法起訴。鮑金後來認為聯邦法官不能介入本案事務，不過他寫道：

> 愛國情操如同宗教信仰，是不可或缺且備受推崇的美德，過度表現時亦鮮少遭到糾舉。不過，當愛國情操墮落為狂熱，其殘忍暴虐不遜於宗教惡行，亦同樣應受

譴責，如同聖巴托羅繆大屠殺，宗教裁判所的刑求，史密斯菲爾德的火刑，以及塞勒姆的絞刑台。愛國情操正如自由，多少罪愆假其名而行之！這樣的狂熱在每個時代都帶來追捕異端與焚燒女巫者，也是偽善人士最愛的面具，用以粉飾他們缺乏的那種美德。[119]

數十年後，德籍女性愛倫．可諾福（Ellen Knauff）因為被認為有害美國國安的嫌疑遭到起訴，而傑克森大法官在本案撰寫的意見書，其中有這麼一段話：「國家安全如同自由權，諸多罪行假其名而行之。」[120]不禁令我尋思，他下筆時是否想到了鮑金法官那段話呢？

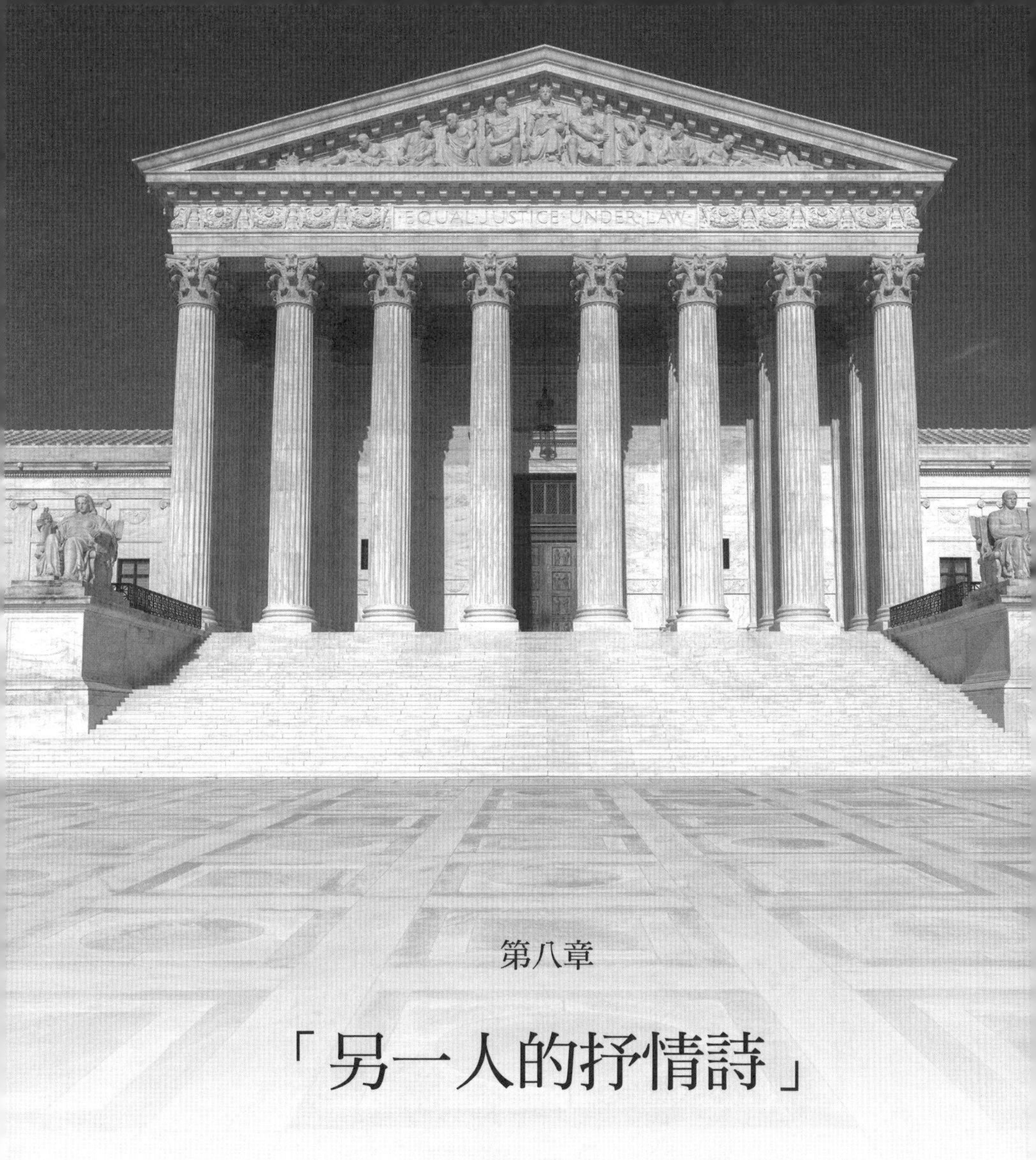

第八章

「另一人的抒情詩」

「〔我對〕我國人民抵制不良文學作品的能力深具信心，
正如我相信他們在神學、經濟、
政治或任何其他領域都有鑑別真假的能力。」
——道格拉斯大法官——

猥褻形同誹謗的年代

一九七一年二月二十二號，在最高法院議事廳裡，加州大學洛杉磯分校法學院教授梅爾維爾・尼莫（Melville B. Nimmer）起身為科恩訴加利福尼亞州案（*Paul Robert Cohen v. California*）答辯。在他發言前，首席大法官柏格對他說：「本院完全熟悉本案的事實背景，我很確定你不需要詳述事實。」尼莫表示他會讓事實陳述保持簡短。他說他的當事人被控「從事滋事行為」，並被定罪，但「這名年輕人所做的是穿著寫有『幹他媽的徵兵』（Fuck the Draft）的夾克……穿越洛杉磯郡一間法院的走廊。」[121]

這自然就是柏格不想在法庭上聽到的字眼（而他之所以特別敏感，可能是因為當天有一群修女在場）。不過尼莫心知肚明，若是避而不提這些字眼，在某種意義上就是拱手認輸。他智勇雙全，最終也打贏了這場官司。最高法院以五比四的票數推翻科恩的有罪判決，理由是這違反了增修條文第一條保障他的表意自由權。

法院意見書由哈倫大法官執筆，而他利用這件區區小事為言論自由發出一番宏論。

他說：「一個人的粗話是另一人的抒情詩。」在當時的越戰背景下，科恩「不得體的咒罵」是一種政治抗爭的形式。哈倫繼續寫道：

對我國這類組成多元且人口眾多的社會而言，憲法保障的表意自由權乃是一帖良藥。這種權利的創設與目標是解除政府對公共討論的束縛，把何種觀點可以表達的主要決定權交到每位人民手中，並期望這種自由的運用最終能培養更有能力的公民、促成更理想的政體，並且相信這是唯一一種與個人尊嚴與選擇的立場相稱的方式，而個人尊嚴與選擇乃是我國政治制度的依據……或許我們周圍似乎不時充滿著喧嘩嘈雜之聲，但由此觀之，這是力量而非軟弱的象徵。

哈倫大法官在他的分析中強調科恩說粗話的政治意涵，只不過，害科恩被捕的其實是那句冒犯人的粗魯的情色用語。有數十年的時間，官方對情色內容的反對是美國司法中爭議屢見不鮮的主題。

在二十世紀初期，嚴肅文學作品曾被控猥褻而成為禁書，例如D・H・勞倫斯（D.H. Lawrence）的《查泰萊夫人的情人》和西奧多・德萊賽（Theodore Dreiser）的《美國的悲劇》（*An American Tragedy*）。凡有任何段落可能對兒童等心性未定的讀者造成不良影響的作品，法官就會判定是猥褻作品。接著在一九三三年，一本法文版的詹姆斯・喬伊斯的《尤利西斯》在被人攜帶入境時遭美國海關沒收。如今這部小說是公認的大師傑作，卻曾自一九二〇年起成為禁書，因為紐約反惡俗協會（New York Society for the Suppression of Vice）檢舉書中有一段主角利奧波德・布盧姆（Leopold Bloom）自慰的情節。法院在海關沒收本書後審理這個案子，不過主審的聯邦地方法院法官約翰・伍思理（John M. Woolsey）認為《尤利西斯》不是猥褻作品。他採用一個新的檢驗標準：根據作品最顯要的主題會對一般讀者產生怎樣影響來判斷。[122]這個比較寬鬆（或說比較成人）的標準廣獲採納。

一九四八年，一個備受矚目、公認是重大考驗的案件上訴到最高法院：文學評論名家艾德蒙・威爾森（Edmond Wilson）的小說《赫卡特郡回憶錄》（*Memoirs of Hecate*

County）禁令爭議（本書顯然是因為一段對女性高潮的描寫而引來反對）。不過當時有一位大法官迴避，投票結果以四比四平手，故維持了禁令原判。[123]這大概是最高法院最後一次允許查禁嚴肅著作了。

羅斯案：是否訴諸色慾？

一九五七年，藉由羅斯訴合眾國案（*Roth v. United States*），最高法院首次針對有猥褻嫌疑的著作之審查制度公開表達立場。[124]山姆．羅斯（Sam Roth）因為寄發一份猥褻出版品被依違反聯邦法律定罪，最高法院也維持這項判決。不過主要意見書似乎兼具正反觀點，雖然將猥褻排除在增修條文第一條保護之外，但是對何謂猥褻定出非常狹窄的範圍。布倫南大法官表示，「即使對社會的益處再微不足道，諸如異端思想、具爭議性的思想、甚至是對主流觀點心懷恨意的思想」，任何表意都受增修條文第一條保護。他又說，不過以史為鑑，猥褻作品向來被視為「對社會一無可取之處」。一七九二年，批准憲法的十四州裡有十三州定有誹謗罪法，規定「褻瀆宗教、粗鄙無禮或兩者兼具的言論」為法定罪行。布倫南大法官表示，所以猥褻如同誹謗，「顯然不在言論自由與出版及新聞自由的保護範圍內。」（布倫南會根據這類史實來分析很不尋常，因為他在釋憲時絕不是個原意主義者。僅僅七年後，透過《紐約時報》訴蘇利文案的意見書，他就終結了把誹謗排除在增修條文第一條保護之外的歷史。）

他繼續寫道：「然而，性與猥褻並非同義詞……諸如藝術、文學或科學等作品，即使對性有所著墨，仍不是將其排除在言論自由與出版及新聞自由的憲法保障之外的充分理由。性是人類生活中強大且難解的動機，自古以來無疑都是引人入勝的主題，也是人類利益與公共關切的重大問題之一。」所以布倫南大法官提出這個什麼才可查禁的檢驗標準：「根據當代社區的標準，從出版品整體觀之，其主旨是否在引起一般人色慾興趣。」

道格拉斯與布萊克大法官提出不同意見，堅決主張增修條文第一條要求的是絕對的自由。道格拉斯在意見書中寫道，增修條文第一條的目的是「防範立法機關以及法院拿言論的價值與沉默噤聲相權衡。」道格拉斯表示，他對「我國人民抵制不良文學作品的能力深具信心，正如我相信他們在神學、經濟、政治或任何其他領域都有鑑別真假的能力。」

電影如同書籍，也常讓最高法院費思量。有很長一段時間，一般都認為電影不在憲法保護範圍之內，不過最高法院在一九五二年終結了這種想法。紐約州以對基督信仰不敬為由，禁播電影《奇蹟》（*The Miracle*），不過最高法院藉由伯斯汀訴威爾森案（*Burstyn v. Wilson*）的判決解除了這道禁令。[125]最高法院表示這種以主題為主的審查制度違憲，用克拉克大法官的話來說是紐約州「沒有保護所有宗教或任一宗教免於負面觀點的合法利益……」。

事前審查主題有爭議的電影是一回事，煽情的性愛場景又另當別論了，而這也是最高法院的燙手山芋。羅斯案催生的猥褻檢驗標準很難自動就可以判斷執行。某些電影是否「在引起色慾興趣」，又要根據什麼「當代社區的標準」來判斷，法官跟其他人一樣意見分歧。有多年時間，最高法院處理這問題的方式是在該院大樓的放映室實際播放這些電影。布萊克與道格拉斯大法官從未出席，因為他們認為就是不該有禁令，其他大法官則會先看片再決定。哈倫大法官當時視力已嚴重退化，所以會帶一名助理同行，讓助理為他描述影片內容。

結果是一團混亂。最高法院對於接踵而來的案件只會發布推翻或維持禁令的簡短裁決，關於如何做出結論則少有解釋，或根本沒有。在另一些案件裡，大法官又紛紛寫出彼此矛盾的意見書，沒有形成一種可以獲得多數支持的見解。在一九六四年的賈科貝里斯訴俄亥俄州案（*Jacobellis v. Ohio*）判決中，[126]史都華大法官發表了後來常被引用的個人見解，說反猥褻的刑法規定只有應用於「露骨色情片」（hard-core pornography，又稱「硬蕊色情」）時才有可能合憲。史都華也說他懷疑自己能對何謂露骨色情做出清楚定義，「不過我看到就會知道，而本案電影不在其列」。布倫南大法官為他在羅斯案提出的檢驗標準多加一個條件：作品要能被禁，必須「毫無有益社會之處」。[127]最高法院多數大法官在一九七三年撤回這個條件，賦予各個地方社區更大權力來定義與禁止猥褻作品。[128]布倫南大法官提出不同意見，承認他想藉羅斯案設立標準的努力沒有成功。他表示，除了保護兒童與避免「無意觀看的成年人」被迫觀看色情片所設下的限制之外，他會放棄對所謂的猥褻作品所做的所有限制。

反對色情受憲法保護的理由

在那些年間，最高法院有如國家電影播映執照委員會。這是一項吃力不討好的任務，他們也做得差強人意。部分評論人士主張，猥褻不只是一個令人氣餒的概念，也不在增修條文第一條的合理涵蓋範圍之內。耶魯法學院的羅伯．波爾克（Robert H. Bork）教授說，增修條文第一條對言論自由及出版與新聞自由的保護應該僅限於政治言論。[129]他說：「司法介入保護任何其他形式的表意，無論是科學、文學或各種我們認為猥褻或色情的作品，都毫無根據。」波爾克主張，如允許法院除了保護與政治明確相關的言論外，還可保護任何其他內容的言論，都是在讓法院涉入該交由政治程序決定的價值判斷。他也不同意霍姆斯、布蘭迪斯，以及一九三〇年以來釋憲的大方向。他認為增修條文第一條不該保護鼓吹違法或顛覆政府行為的言論（波爾克後來當上法官，但在獲雷根總統提名擔任最高法院大法官時，被參議院否決）。*

關於保護性言論（sexual expression）這個特定議題，評論界出現不少主張。有人說允許色情言論（pornography）會敗壞社會風氣。波爾克就表示這會造成「道德與美感汙染，與空氣汙染如出一轍」，同時改變「民眾對愛與性的態度……以及對婚姻與家庭這類社會制度的看法。」

有些城市對成人電影院的開業地點設限，這或許反映出色情片也是一種汙染的想法，又或許這與布倫南大法官的擔憂不謀而合，也就是不設限制會侵害無意觀看的成年人被迫觀看。最高法院在一九八六年以五比四的票數通過，維持一部地方土地使用分區管制法。這部法規的條文之一規定，這類電影院不能開設在距住宅區五百英尺（編按：約一百五十公尺）之內的地方。[130] 在最高法院眼裡，由聯邦通訊傳播委員會（Federal Communications Commission）管理的電視與廣播，也有可能冒犯不想接收這類資訊的閱聽人的風險。一九七八年，最高法院同意通訊傳播委員會的一項裁決：某廣播電臺因為播出喜劇演員喬治・卡林（George Carlin）「七大髒話」的單口相聲而違法。[131]

另一個反對色情片受憲法保護的主張來自知名女性主義法學教授凱瑟琳・麥金儂（Catherine MacKinnon），她說這是一種讓女性屈於從屬地位的方式。[132] 印第安納波利斯市基於這個主張通過一項規定色情言論構成犯罪的法令，不過該法令被美國聯邦第七巡迴上訴法院判定違憲。[133] 一九八六年，一個由雷根總統的司法部長艾德溫・米斯（Edwin L. Meese）任命的委員會研究發現，性暴力內容可能導致反社會行為，「傷風敗俗」的內容可能「促使人更接受女人喜歡被迫從事性行為的觀點」。[134] 但是該委員會提供的數據資料廣遭質疑。

＊編註：羅伯・波爾克在水門案中也扮演著關鍵角色。一九七三年十月，參議院聽證會發現存在白宮橢圓形辦公室內對話的錄音帶。特別檢察官考克斯（Archibald Cox）簽發傳票，要調閱錄音帶紀錄，尼克森遂下令司法部長李察遜（Elliot Richardson）開除考克斯。在一九七三年十月二十日所謂的「星期六晚大屠殺」事件中，李察遜和司法部副部長魯克紹斯（William Ruckleshaus）拒絕執行尼克森的命令，並相繼辭職抗議。羅伯・波爾克在他們兩位辭職後，接任代理司法部長，並執行開除考克斯的命令。在對憲法的解讀上，波爾克也是一位原意主義者。

最好的審查是讓人民自己來

我們有許多堅實的理由來反對這些評論人士，並且支持憲法保護藝術、文學與科學創作的立場，性言論也不例外。狂熱衛道人士曾以五花八門的審查手段在美國歷史上留下印記。政治人物屢屢發現，迎合美國的「愚民階級」（booboisie）比較容易——這是幽默機智的評論家H．L．曼肯（H. L. Mencken）自創之詞。像是伍思理這種獨立思考的法官，不時得面對想查禁《尤利西斯》的市井之民，而這些人通常根本沒讀過他們想查禁的東西。地方施壓團體雖然說服了政壇人士禁播《奇蹟》這類電影，不過最高法院的地位很適合出手撥亂反正。一個探討憲法的國家級論壇終究有其價值。不是只有政治言論才能啟發民智。

更何況，性與政治也可能糾纏不清。科恩訴加州案正是如此，最高法院在一九八八年受理的好色客雜誌訴法威爾案（*Hustler v. Falwell*）也是個例子。[135] 本案事實讓科恩那件粗魯的夾克顯得清純如主日學教材。開胃酒品牌金巴利（Campari）曾推出一系列雜誌廣告，主打「第一次」的標題——形容廣告主角第一次品嚐金巴利的經驗，同時也暗示他們的初次性經驗。結果《好色客》雜誌推出他們聲稱是「嘲諷模仿廣告」的作品，說知名牧師傑瑞・法威爾（Jerry Falwell）的「第一次」是跟他的母親在戶外廁所裡發生的。法威爾控告《好色客》誹謗、蓄意造成他人精神痛苦。陪審團否決了法威爾的誹謗求償，理由是廣告不能當成事實，但仍就精神痛苦的部分判處《好色客》賠償十五萬美元。

本案到了最高法院，美國政治漫畫家協會（Association of American Editorial Cartoonists）為協助審理，以法院之友（friend of the court）之身分向最高法院呈交一份理由陳述狀。其內容是美國歷史上的各種政治漫畫，從一則把華盛頓畫成驢子的漫畫開始，腐敗政客推德老大（Boss Tweed）與他把持的坦慕尼協會（Tammany Hall）也在知名政漫家湯瑪士・奈斯特（Thomas Nast）筆下化身一群禿鷹。本案的辯論精采絕倫，大法官也一再提及這些漫畫。《好色客》的訴訟律師曾在辯論中以華盛頓的漫畫為例，主張這顯示在開放的美國社會，即便是德高望重的領袖也要承受尖刻諷刺。史卡利亞大法官回應道，他認為「老喬治」能忍受那種攻擊，「可是跟你母親在戶外廁所辦

1871 年，具有「美國卡通之父」美譽的奈斯特，將推德及其黨羽描繪成禿鷹的模樣。原圖刊載於《哈潑週刊》（*Harper's Weekly*）。圖片來源：維基百科。

事，這說得過去嗎？」最高法院一致通過，駁回法威爾的損害賠償判決。由首席大法官威廉·倫奎斯特（William H. Rehnquist）執筆的意見書以《紐約時報》訴蘇利文案的誹謗判決為根據。倫奎斯特大法官寫道，即使本案當事人主張受到故意造成其精神痛苦之侵害，公眾人物要為自尊受損求償，除非能證明被訴內容是刻意造假或輕率疏忽而有不實，否則不能勝訴，而諷刺作品不能用真假來評判。

現今的美國人看到過去有哪些內容被禁，可能會覺得難以置信，而且發生的時間還不是很久以前。一九五六年，舊金山書店老闆勞倫斯·費林蓋提（Lawrence Ferlinghetti）因為販售艾倫·金斯堡（Allen Ginsberg）的詩作〈嚎叫〉（Howl）而被起訴。終結這場禁書鬧劇的人是市立法院的法官克雷頓·荷恩（Clayton W. Horn），他說：「最好的審查方法是讓人民自己來捍衛輿論，而不是交由政府決定。」136

至於禁播色情片的問題，法院最終變得無足輕重。科技和輿論超越了所有的法律邏輯辯證。到了二十世紀末，不論是在個人電腦或有線電視上，數以百萬計的美國人都在觀看史都華大法官會形容為「露骨色情」（硬蕊色情）的東西。二〇〇四年，在超級盃美式足球賽的中場秀上，珍娜．傑克遜（Janet Jackson）出其不意地露出一邊乳房，而聯邦通訊傳播委員會堅守其保姆角色，讓播出這段錄影的廣電業者都被罰以重金。不過大多數美國人或許根本不在乎。

其他西方社會的人民應該也是如此。長久以來都給人一本正經形象的英國就是個例子。有數世紀的時間，英國的劇本都要先呈給宮務大臣批准才能演出，任何有暗示性或對當局不敬的內容都會被他刪除。英國議會在一九六八年廢除這個規定。而該國（與全世界）最暢銷的八卦小報──魯柏．梅鐸（Rupert Murdoch）旗下的《太陽報》（*Sun*），每天都會刊出一張遠比珍娜．傑克遜更為撩人的模特兒上空照。

批評者的反對在今日可能只是徒勞，不過他們對色情片氾濫與社會整體素質下降的擔憂是有道理的。《尤利西斯》與所謂的成人電影確實有所區別。當文學不再有微妙暗示愛與性的空間，例如，不再有珍．奧斯汀的一席之地，這是我們的損失。不過，持嚴格道德標準者，讓美國人讀不到喬伊斯和勞倫斯的作品，也使得審查在智識層面成為不可接受的作法。但是，想要另外找到標準以畫出區分界線的嘗試，不論由法官或政治人物來動手，都沒有成功。

第九章

「流民與法外之徒」

「在我國憲法與人權條款的歷史所彰顯的各種目的之中，
賦予美國人民比大不列顛人民更為堅實的宗教、良知、表意、集會、
請願與新聞自由保障，可謂最明確之目的………………」
——布萊克大法官——

體制外的媒體

在狄更斯小說《馬丁．瞿澤威傳》（*Martin Chuzzlewit*）裡，同名主角搭乘郵政船前往美國，等船在紐約港口靠岸後，賣報的男童紛紛登船叫賣最新出爐的報紙——《紐約刺殺報》、《偷窺報》，《家庭密探》，諸如此類。「《紐約下水道》！」其中一名男童喊道。「《紐約下水道》揭發華爾街名流內幕、華盛頓權貴內幕，還有獨家報導：國務卿八歲時公然撒謊，現在要付出高昂代價，聽他的保母親口說分明！」

十九世紀的美國新聞界顯然可以很辛辣刺激。奇怪的是，美國報業在一世紀過後變得體面起來，反倒是英國新聞界的無事生非的亂象恐怕比狄更斯所諷刺的有過之而無不及。

一九八二年的某個夜裡，英國無業男子麥可．費根（Michael Fagan）闖進白金漢宮，並且進入女王的寢室與她小談一番。《週日時人》（*Sunday People*）週刊聲稱他們對讀者做了調查，詢問該如何處理這件事故，得到的答案是女王與菲利普親王應該睡在同一張大床上。這篇民調報導登上該報頭版，標題是：〈菲利普，給她抱抱〉。

我最喜歡的英國小報風格範例是《太陽報》從一九八七年二月二十五號開始刊登的一系列報導，首篇的開頭是：「《太陽報》今日揭曉：艾爾頓強（Elton John）身陷毒品與『租賃男友』醜聞風暴中心」。「租賃男友」（rent boy）是英國新聞界稱呼男妓的行話。報導聲稱消息來源是一位「葛拉漢·X」（Graham X），而且《太陽報》在隔天又靠葛拉漢·X生出一篇報導：「超級巨星艾爾頓強口味特殊，嗜捲百元鈔吸古柯鹼。」艾爾頓強否認這兩篇報導的內容，並且向《太陽報》提起兩個誹謗告訴。接下來數月陸續出現更多報導，法院的誹謗令狀也隨每篇報導刊出後接連發出。本系列最後一篇的標題是「艾爾頓強愛犬消音之謎」，聲稱艾爾頓強動用「恐怖的手術」讓他養的那隻「兇惡的羅威那犬」啞了。艾爾頓強再次提告，也是他針對《太陽報》系列報導提起的第十七次誹謗訴訟。

不知怎地，或許是英國人對狗情有獨鍾，這最後一次提告被排在一連串官司的首場庭審，時間是一九八八年十二月十二號。那天早上，《太陽報》的頭版頭條標題是「對不起，艾爾頓」。《太陽報》與艾爾頓強庭外和解這十七場官司，代價是賠給他一百萬英鎊，此外又出了大約一半金額為他支付律師費用。該報表示：「本社欣見《太陽報》與艾爾頓重修舊好，並且為本社遭到一名滿腦幻想的青少年欺騙深感遺憾。」這則「道歉啟事」把矛頭指向男孩的謊言，而不是編輯的大意輕信，又或者，更有可能的是編輯在背後下指導棋。

比起美國同業，英國的編輯與記者在更長的時間裡仍然沿襲著這一行的舊習：肆無忌憚、無所不為。不過，對報業老式作風的經典刻畫來自美國，那就是一九三〇年代的舞台劇《頭版》（*The Front Page*）以及它的改編電影《小報妙冤家》（*Our Gal Friday*）。劇中的記者圍坐在新聞發布室裡，一邊就著紙杯喝威士忌，一邊交換假情報。男主角把逃犯藏在掀蓋書桌裡。壞心眼的編輯要求記者把報社名字放進獨家報導的開頭（就像《太陽報》針對艾爾頓強做的第一篇捏造報導）。這群記者有如流氓，一身江湖本領，毫無知識分子或上流人士的矜持。

到了二十世紀中期，美國記者喝起白葡萄酒來了。他們擁有大學學位，有些人的學歷甚至在學士以上，志向也變高了，目標是進駐世界的中心——華盛頓特區，和國務卿共赴晚宴。這麼寫雖有些誇張，但亦不遠矣。過去的記者被排除在體制之外，薪水也很差。如今的記者（至少是華府特派員與業界其他的頂尖高手）屬於體制的一部分，躋身中上階級。他們自稱新聞工作者，而非記者。這一切潛藏著一種危險：太接近權力的危險，這情形在華府尤其明顯。一旦曾在晚宴中和內閣成員與其伴侶比鄰而坐，要下筆針砭對方就難了。

伯納・列文（Bernard Levin）是倫敦《泰晤士報》（*The Times*）知名專欄作家，曾針對媒體自以為該肩負的「責任」提出犀利的警告——他所謂的「責任」是英式英文表示為官方效力的意思。他寫道：「媒體絕無向誰負責的義務，萬一哪天真有的話，將是自由蒙難之日……我們是流民與法外之徒，也必須堅守這種角色，唯有如此才得以維持我們賴以為生的信念，也就是追別人不希望有人追的消息、評論別人不希望有人評的事情。」（列文恰好也熱愛香檳與歌劇，不過這沒有阻止他在達官顯貴出錯時嚴加抨擊。）

面對政府巨獸

早在美國立國之初，麥迪遜就闡明了何謂媒體的首要責任——讓社會大眾了解掌權者的作為。他說，在共和政體裡，人民擁有至上主權，而人民依賴新聞媒體獲得資訊，所以媒體必須能自由地「檢視政府官員的功績與施政」。麥迪遜可說是對新聞媒體抱著一種浪漫情懷。他在一七九九年寫道：「即使新聞業亦有弊端，這個世界能藉由理性與人性克服錯誤與壓迫，並贏得巨大的成就，都要歸功於新聞業。」137

有鑑於聯邦政府已經膨脹到麥迪遜難以想像的程度，今日的美國媒體一定要發揮麥迪遜所說的功能。聯邦政府在麥迪遜的時代還很弱小，後續的規模與權能也不大，直到小羅斯福總統在一九三〇年代推行新政為止。各種新政方案的實施催生出新的政府機關，華府也開始扛下之前由州政府掌管、或從未有任何政府機構負責的事務。現今的聯邦政府是個大權在握的龐然巨獸。官員經常秘密行事，並且有成群發言人保護。喬治·華盛頓曾警告美國政府要避免捲入外國事務，但如今它不論在政治或軍事上都與世界各地有許多糾纏瓜葛。

要與具備這種特質的政府交手，需要資源豐沛的媒體機構。十八世紀那種草莽性格的報業應付不了五角大廈，它們在當代的同類——部落客——也應付不了。從事水門案調查的《華盛頓郵報》，或是發表五角大廈密件的《紐約時報》，都是編制完備的報社。要報導這每起事件，也都需要有勇氣扛住財務與法律威脅的老闆：當年的《華盛頓郵報》有葛蘭姆，《紐約時報》有亞瑟·奧茲·蘇茲貝格（Arthur Ochs Sulzberger）。

史都華大法官在他為五角大廈密件案撰寫的意見書中表示，事關國家安全時，新聞媒體的角色格外重要。他說，在那個領域，立法與司法部門鮮少能發揮它們通常對行政權該有的制衡力量，國會與法院傾向尊重總統。所以，「對行政政策與權力的唯一有效約束……可能有賴於明智的全體公民，以基於充分資訊且有批判性的輿論為之。職是之故，以本案而論，一個警覺、清醒且自由的新聞業，或許是達成增修條文第一條目的之最重要工具。因為缺乏具有充分資訊且自由的媒體，就不會有明智的人民。」

在史都華大法官說的具有充分資訊、自由、警覺、清醒之外，還必須加上勇敢。

根據這些標準，美國媒體不幸地沒有通過越戰後另一次重大考驗：政府在二〇〇一年九一一恐怖分子的攻擊之後對政策與權力的濫用。

九一一後的媒體

在恐怖分子攻擊發生後的幾個月內，小布希總統就聲稱政府有權拘留為敵方擔任戰鬥人員的任何美國公民，並且在未經審訊也未提供法律辯護服務下無限期拘留。他的司法部長下令掃蕩數千名外籍人士，以嫌犯名義拘留數月之久，其中屢屢有人遭到羞辱與人身虐待（不過沒有任何一人被依恐怖主義相關犯行定罪）。[138]

小布希總統與其幕僚著手為伊拉克戰爭鋪路，設法將海珊政權涉入九一一恐攻的想法灌進美國民眾腦袋，而他們的政治宣傳也獲得驚人的成功。到了二〇〇三年三月，戰爭即將發動之際，民調顯示有百分之四十五的美國人相信海珊「親自參與」九一一恐攻，百分之四十四的美國人表示當天劫機的恐怖分子裡有伊拉克人。這兩種想法不只與事實不符，根本荒謬。虧史都華大法官還說「明智的全體公民」不可或缺。

新聞媒體在那段時間跑哪去了？最寬厚的答案可能是：他們去吃午餐了。當政府逮捕兩名美國公民，未經審訊就認定他們是「敵方戰鬥人員」並加以拘留，新聞界只端出簡短的報導，而且完全沒有論及這種作法牽涉的憲法問題。掃蕩外籍人士的行動也只在事發很久後才獲得些微注意。邁向伊拉克戰爭的過程所得到的審視是如此稀少，《華盛頓郵報》與《紐約時報》後來都為自己的失職道歉。在美國入侵伊拉克之前，華府有過一場抗議遊行，而《華盛頓郵報》在報導中蔑稱那些抗議人士是「傢伙」和「嬉皮女孩」。[139]

早先的水門案與越戰似乎是個指標，讓我們看到那些所謂的傳統新聞媒體如何煥發出新氣象。在二戰過後那些年，這些媒體曾對聯邦官員畢恭畢敬，對於當時最重大的議題，也就是美蘇間的競爭，頂尖的特派員和專欄作家與政府同聲一氣。他們相信政府官員是真誠的，且擁有較多的資訊。不過這些假設在越戰時被推翻了。戰地特派員報導的情況比官方說法更為真確，而高官都在耍花招欺瞞民眾。

《紐約時報》發表五角大廈密件報導後，哥倫比亞大學法學院教授哈洛·艾德嘉（Harold Edgar）與小貝諾·施密特（Benno Schmidt Jr.）撰文表示，《紐約時報》的決定象徵了「政治人物曾經相信新聞從業人員會在合情合理的尺度內行事、不會揭露政治人物認為過於敏感的消息，然而這個時代已經過去了。」他們寫道，「政治人物與新聞媒體曾經相輔相成」，不過新聞媒體現在「想成為政治人物的對手」。[140]

九一一事件後，這些大無畏的文字上哪去了？新聞媒體表現得不再像是針砭甚而懷疑的一方，反倒比較像官方觀點的傳聲筒，在刊登出小布希總統「反恐戰爭」的相關發言時，沒有對他主張的異常權力特別著墨。司法部長約翰·阿什克羅夫特（John Ashcroft）在參議院聽證會上說：「有人拿喪失自由的隱憂來恐嚇愛好和平的人民，我想對些人說的是：你的手段只是在助長恐怖分子，因為這會瓦解國家的團結、動搖我們的決心，是在給美國的敵人提供彈藥。」[141]當時幾乎沒人質疑這段話有什麼不對勁。

為什麼媒體在九一一之後變得如此言聽計從？有個原因是，編輯如同一般美國大眾，也被恐怖攻擊震懾了，因此感到全國有需要團結起來抵抗外侮，而對大多數人來說，這表示要攜手力挺總統。此外，在恐懼瀰漫的氛圍下，批評總統可能造成不愛國的觀感。阿什克羅夫特確實說過：意見分歧就是不愛國。來自廣播電視談話節目的極右翼聲量也有威嚇作用，曾有人在節目上說，《紐約時報》的辦公室沒有被炸掉讓她覺得很可惜。

廣電業者在九一一過後一個月的表現，足證新聞媒體屈從白宮到了怎樣程度。當時五大電視聯播網播出恐怖分子領袖賓·拉登的談話錄影，而小布希的國家安全顧問康朵麗莎·萊斯（Condoleezza Rice）隨即召集聯播網高級主管舉行電話會議，敦促他們日後如果再播放賓·拉登的錄影，要剪掉其中的「煽動性語言」。她也警告，賓·拉登的發言可能含有給其他恐怖分子下指示的暗語——這點實在令人難以信服，因為他的錄影是先在某個阿拉伯語廣電網中播出後才傳到美國。那些美國廣電網的高層同意，日後凡有任何錄影，只會播出簡短片段。其中一人說：「我們不會去踩她（萊斯）說的地雷。」更直白的說法應該是：「我們不想要不愛國的形象。」

最終，新聞媒體開始從恐懼與困乏中復原。小布希總統對單方面權力的主張所透出的厚顏無恥，變得愈來愈難以忽視。有個司法部律師曾向小布希建議，說他可以下令刑求有恐怖分子嫌疑的俘虜，而且國會無權阻止他這麼做。這個法律意見導致數十名外籍俘虜遭到酷刑虐待，有人因此喪生。伊拉克的阿布格萊布（Abu Ghraib）監獄的虐囚照片震驚了全國。

媒體對官方畢恭畢敬的時代在《紐約時報》發表一篇報導後終結：他們揭發了布希總統未依法取得授權令、暗中下令竊聽美國人民的國際電話通訊，而這道命令明顯違反一聯邦刑事法規定。我們再次看到，在那份主張總統有權力下令刑求的法律備忘錄裡，執筆者認定總統高於法律。一般公認水門案帶來的教訓是法律之前、人人平等，然而那份備忘錄的說法恰恰相反。媒體既無法忽視，也的確沒有忽視與日俱增的濫權證據。右翼人士控訴《紐約時報》發表這篇違法竊聽的報導是「叛國」，政府也以傳票威脅執筆記者交出消息來源的身分，不過《紐約時報》堅守立場，那兩位記者也獲普立茲獎肯定。[142]

布里奇斯案：美國脫離英制司法傳統的獨立宣言

因為我在英國住過幾年，所以英美兩國看待新聞自由的差異讓我深獲啟發。一九八一年，一名囚犯聲稱自己在英國監獄裡遭到不當對待，於是某個英國公民自由權組織為他出面打官司。代表囚犯的律師哈莉特．哈曼（Harriet Harman）要求調閱監獄規範相關文件，遭到政府拒絕，不過初審法官命令政府將部分文件交給哈曼。哈曼在公開法庭上朗讀文件內容，後來一名報社記者不確定自己的速記內容，請哈曼給他一份文件影本。哈曼欣然同意的結果是被判藐視法庭。丹寧爵士（Lord Denning）在哈曼案上訴時表示：「本案高度機密文件之公開完全無助公共利益，保持機密才有助於公益。讓記者使用本案文件，對我國良好社會秩序極為不利。政府部長與高級公務員之作為不過是盡其所能處置一名邪惡的罪犯，這些文件卻被用於發動對他們全然不公的攻訐。」[143]

切記，會有這段聲明，是因為有人「揭露」了一份已經在公開審判的法庭上宣讀過的文件，起因雖然是某人有犯罪嫌疑，不過這人當時正被政府官員關押，所以他承受的任何殘酷對待都是公眾有權關切的課題。只不過，哈曼的罪名被判成立。

哈曼這種荒唐的案子不會發生在現今的英國，因為他們的法律已經跟上自由社會的需求。英國議會立法讓該國法院也受《歐洲人權公約》約束，而公約的條款之一就是保障新聞自由。

即使在過去，哈曼案也不可能出現在美國，除非有哪個漫不經心的法官棄增修條文第一條於不顧。一九四一年，因為最高法院對布里奇斯訴加州案（*Bridges v. California*）所做的歷史性判決，法官再也沒有權力祭出藐視法庭罪來打壓對司法的相關評論。[144]

哈利・布里奇斯（Harry Bridges）是美國西岸碼頭工會的左派領袖。當時有位加州州法官的某個判決對碼頭工會造成布里奇斯所不樂見的影響，於是他發了一封批評該案判決的電報給勞工部長，那位法官判處布里奇斯的批評構成藐視法庭。除了布里奇斯案，最高法院同時受理了另一個來自加州的《洛杉磯時報》被判藐視法庭的上訴。該案起因是卡車司機工會（Teamsters Union）有兩名成員被判傷害罪，而該報就此案發表的社論被法院判為藐視法庭。那些社論說初審法官如果判嫌犯緩刑將是「嚴重錯誤」；地方社會需要「他們為在黃麻纖維廠的作為付出代價」。（《洛杉磯時報》和布里奇斯在最高法院面前的處境相同，此事略顯諷刺。因為當時的《洛杉磯時報》是立場非常保守又反工會的報紙，布里奇斯正是他們的眼中釘。）

最高法院在幕後的決議過程非常曲折，直到事隔四十年後，有人在布萊克大法官過世後研究他的文件，內情才公諸於世。布里奇斯案在一九四〇年十月首度辯論，大法官在隨後的會議中以六比三維持了這兩個藐視法庭判決，首席大法官休斯指定法蘭克福特撰寫多數意見書。法蘭克福特非常欣賞英格蘭法律，這一點從他交由同僚傳閱的草稿可以見得。他表示，法官懲處外界對當庭事務的批評的權力，是「英美司法體系不可或缺之要素。……咸信英語世界所有的法官……不時均認可這種權力並行使之。」

布萊克大法官則是傳閱了一份不同意見書：

> 本院意見書之基本謬誤在於，假設增修條文第一條所保障之自由權……可藉由援引英系司法實務……予以剝奪之……就本人判斷，如根據英語世界現有或曾普遍

存在的限制來衡量增修條文第一條所保障自由權之範疇，所得結果將與該增修條文起草者所想達到的效果完全相反……在我國憲法與人權條款的歷史所彰顯的各種目的之中，賦予美國人民比大不列顛人民更為堅實的宗教、良知、表意、集會、請願與新聞自由保障，可謂最明確之目的……創立我國政府之先賢對其他國家，無論英格蘭或他國，沉溺於壓迫良知與言論的歷史，知之甚深。增修條文第一條即此一認知之確證，其立意就是要避免此類壓迫發生於本國。

一九四一年春天，參與布里奇斯案判決多數意見的一位大法官退休，另有一位改變心意，使得票數成為四比四平手，最高法院因此決定讓本案在當年秋天再次辯論。不過休斯在辯論前退休，投票結果逆轉為四比三，於是推翻了這兩個藐視法庭判決。兩名繼任的新法官意見紛歧：傑克森贊成推翻原判，詹姆斯．伯恩斯（James F. Byrnes）則贊成維持原判。最高法院最終以五比四的票數推翻原判，這下換布萊克大法官寫法院意見書了。

最高法院在一九四一年十二月八號宣判布里奇斯案。那天，大法官一行人先步行到國會大廈，聽完羅斯福總統譴責日本偷襲珍珠港的演說再回到法庭繼續工作（「昨天，一九四一年十二月七號，是一個將永誌為國恥的日子。……」），本案判決在這樣的時空背景下沒有獲得太多關注，然而這其實是憲法史上的一個轉捩點。增修條文第一條對言論自由的保障應該更寬廣地解釋，如同布萊克的倡議，或是該更為侷限？布萊克與法蘭克福特針對這個議題展開長年爭執，布里奇斯案是他們的第一回合。布里奇斯案的主要意見書是美國脫離英制司法傳統的獨立宣言。這場革命在二十三年後繼續進行，透過最高法院對《紐約時報》訴蘇利文案的判決，美國又與英制普通法特別優惠誹謗案原告的通則徹底決裂。

最高法院對增修條文第一條的解釋賦予美國新聞業特別的自由，而新聞業為此該對社會回報以勇氣。新聞媒體一定要抗拒向權力折腰的誘惑。記者與編輯必須保持狠勁——如同列文所說，當個流民與法外之徒。唯有如此，他們才能善加發揮督促政府負責的功能，而這就是新聞媒體愛國的表現。

第十章

我們憎惡的思想

「這其中的重大危險在於，我們打著杜絕偏執的名號，最終可能杜絕所有的批評。」

——《經濟學人》——

仇恨言論的自由

霍姆斯大法官是為了一件和平主義者的案件而提到「我們憎惡的思想」。只不過，假使當事人不是和平主義者而是納粹黨人，這會改變她表意自由的權利嗎？她的表意自由權又該因此改變嗎？

所謂的仇恨言論（hate speech），是指對猶太人、黑人、穆斯林、同性戀或任何其他族群的成員惡意攻訐，而且它純粹是出於恨意，不是因為發言者曾受任何人的不當對待。一個德國人或許向來奉行天主教信仰，但納粹要是發現他有個猶太祖父，這個德國人還是會被送進集中營處死。

美國法律處理仇恨言論的方式與幾乎所有其他西方國家都不一樣。在德國，公開展示納粹萬字或任何相關象徵是重罪。歐洲有十一個國家規定，說大屠殺從未發生或德國在納粹時期沒有屠殺猶太人是犯罪行為。加拿大也一樣，該國最高法院已經宣判，即使加拿大憲法保障表意自由權，否認大屠殺的人還是可以被起訴與懲處。至於在美國，否認大屠殺是事實的權利受增修條文第一條保護。

最高法院曾經對仇恨言論禁令有過不同看法。一九五二年，最高法院透過博阿爾內訴伊利諾州案（*Beauharnais v. Illinois*）認定該州的一條法律有效：「將某一公民階級或任何種族、膚色、教義或宗教描述為墮落、犯罪、淫蕩或缺乏美德」並公開散布此類言論，使被描述對象遭人蔑視或因此導致「破壞社會安寧或引發騷亂」，均屬犯罪行為。[145]本案當事人約瑟・博阿爾內（Joseph Beauharnais）曾經散發傳單，力促芝加哥當局阻止「黑鬼侵擾白人……社區與民眾」。

本案五比四的多數意見書由法蘭克福特大法官執筆。他表示，該法規定的是一種針對族群的誹謗罪，自美國立國以來就存在這類規定。法蘭克福特表示：「伊利諾州無須參考別州經驗或等待過去三十年間的悲劇重演，也能斷定對種族或宗教族群蓄意為不實的陳述將引發衝突……」他援引實例，例如一八三七年在南伊利諾奧頓市（Alton）因支持廢奴而被殺害的報社編輯伊萊亞・佩利許・洛夫喬伊（Elijah Parish Lovejoy），以及芝加哥地區在那幾年發生的種族暴動，並表示「誹謗不在憲法保障的言論範圍之內」。

布萊克大法官提出不同意見，表示系爭的伊利諾州法與針對個人的誹謗法截然不同，更有可能遭到濫用。他表示，任何欣見此一判決的少數族群應該謹記古希臘國王皮洛士（Pyrrhus）的話：「再這麼贏一次，我自己也完了。」*

法蘭克福特撰寫博阿爾內案意見書的邏輯前提，在之後被一九六四年的《紐約時報》訴蘇利文案的判決推翻，後者終結了將誹謗排除在憲法增修條文第一條保護之外的傳統。根據蘇利文案與所衍生判決，除非官員與公眾人物能證明不實陳述是在明知不實或因輕率疏忽而不顧是否真實的情形下發表，否則無法獲得賠償。以博阿爾內的傳單為例，仇恨言論以偏概全的抹黑不管再怎麼惡毒，也不適合用後來這些誹謗判決著眼的事實標準來分析。最高法院指出，即使這種惡意是針對個人，例如《好色客》對法威爾牧師的攻訐，還是不適用誹謗的事實分析原則，也就是不能用真假來評判。

此外，就算有人攻訐種族或宗教族群，最高法院也在一九六九年對這類行為的刑罰加諸極嚴格的限制，第七章討論過的布蘭登堡案就是個例子。被定罪的當事人布蘭登堡是三K黨領袖，因為他公開說：「我個人認為黑鬼應該被送回非洲、猶太人應該被送回以色列。」最高法院全票通過、推翻他的有罪判決，因為沒有證據顯示他在煽動「迫在眉睫的違法行為」，或所煽動的違法行為極可能發生。

至於納粹主義的言論自由，這個議題在美國法律中以「司科基」（Skokie）為代表。[146]司科基是芝加哥近郊的一個村莊，在一九七七年有大量猶太人聚居，其中有為數頗眾的納粹集中營倖存者。有個美國納粹黨宣布要在司科基舉行示威活動，與會者將穿戴希特勒的招牌萬字符號。司科基當局通過地方法令，禁止散播任何「針對個人種族、國籍或宗教挑起仇恨」的符號或衣著，並且向伊利諾州法院請求同等效力的禁制令。相關訴訟案一路從州法院上訴到聯邦法院，最後由美國聯邦第七巡迴上訴法院判決司科基當局為阻止示威而制定頒布的法令違憲。後來那個納粹團體取消了示威計畫。

司科基事件在公民自由主義人士的圈子引發廣泛爭議。美國公民自由聯盟支持納粹

＊編註：皮洛士是希臘化時代伊庇魯斯（Epirus）的國王，曾在與羅馬的戰爭中贏得慘痛的勝利。西方諺語「皮洛士式勝利」（Pyrrhic victory）源自於他。

黨人的遊行權利，導致許多聯盟成員憤而退出，不過聯盟領袖不為所動，最終他們的立場很可能提升了該組織的公認地位與會員數量。

羅傑・艾雷拉（Roger Errera）是法國法律與法理學家，他認為歐洲人不會接受美國人對仇恨言論的寬容，例如司科基這種案例。他含蓄表示，美國會有這種觀點必定是基於「根深蒂固的社會與歷史樂觀主義」，但在納粹與共產統治的悲慘經驗之後，不能期待歐洲人也抱持這種心態。希特勒兇殘的企圖已經透過自傳《我的奮鬥》表露無遺。要是能在他把紙上談兵化為駭人的現實前就根據他這種言論監禁他，不是比較好嗎？

這在歐洲是主流觀點，但並非唯一。英國《經濟學人》（*The Economist*）週刊的觀點比較美式，曾在二〇〇六年強烈反對立法禁止大屠殺否定論與其他形式的種族主義言論。《經濟學人》警告，這類法律可能會被解讀為言論「僅僅只是會冒犯人」就要予以懲處或限制，並且舉義大利名記者奧里亞娜・法拉奇（Oriana Fallaci）為例：她於二〇〇六年過世時正在等待受審，原因是她寫的一篇對宗教的評論文章被控冒犯伊斯蘭教。《經濟學人》寫道：「這其中的重大危險在於，我們打著杜絕偏執的名號，最終可能杜絕所有的批評。」[147]

英國作家大衛・艾文（David Irving）是出了名的大屠殺否定論者，在二〇〇六與二〇〇七年間，他曾因為在奧地利發表相關演說而在該國入監服刑十三個月。艾文因為美國作家黛博拉・利普斯塔特（Deborah Lipstadt）說他是大屠殺否定論者而告她誹謗，結果一名英國法官判定利普斯塔特所言不假，使艾文輸得灰頭土臉。不過利普斯塔特也表示她很遺憾艾文曾在奧地利服刑，因為這使他成為「言論自由的烈士」。[148]

在二十一世紀初，因為伊斯蘭極端主義與恐怖主義分子的行動興起，如何因應仇恨言論的爭議更形激烈。歐洲數個國家有大量穆斯林族群，這個課題在其中的英國又特別棘手。據傳有些伊斯蘭教長曾在清真寺的布道時間鼓吹暴力聖戰，其中一人被依教唆殺人與種族仇恨起訴並定罪。英國一個伊斯蘭組織的領袖阿提拉・艾哈邁德（Atilla Ahmet）說：「你們在伊拉克、阿富汗這些穆斯林國家攻打我們的子民，所以我們攻擊英國士兵、警察、政府官員，甚至是攻打白宮，也是理所當然。」[149]二〇〇五年七月，四名穆斯林自殺炸彈客攻擊數個倫敦地鐵站與一輛巴士，導致五十二人喪生。一名激進分子發言人阿布．伊札定（Abu Izzadeen）說這些炸彈行動「值得表揚」，[150]後來他因為在二〇〇七年發表的一次演說遭到逮捕，被控鼓吹恐怖主義。

為什麼再惡毒的言論都應該獲准發表？布蘭迪斯在他為一九二七年惠特尼訴加州案撰寫的意見書中提出深刻的理由：「公共討論大抵便能有效阻止有害理論的傳播」，而且「良善見解恰是糾正邪惡見解之道」。不過，即使最高法院在一九六九年為布蘭登堡案做出非常寬容的判決，如果發言者的言論是意圖煽動立即的不法行為，且被煽動者很可能從事該不法行為，該案判決還是允許對此種言論採取法律行動。有鑑於打著伊斯蘭信仰名義的殺人事件確實發生過，如果有人呼籲殺害警察與其他官員，是否能通過這種檢驗標準？考量到時空背景因素（英國確實發生了炸彈恐攻），我認為布蘭登堡案判決提出的檢驗標準，所要求的犯行立即性要件並不妥當。

美國大學對仇恨言論的審查

還有一個贊成仇恨言論應獲准發表的論點：這會讓其他人意識到駭人信念的存在，堅定我們與之對抗的決心。移民美國的英格蘭法律教授傑瑞米．沃德倫（Jeremy Waldron）對此做了很粗糙的反駁。他寫道：

> 仇恨言論的代價……在我們認為理應容忍這些言論的社會中並非平均施加到每一個人身上。在這種社會中（的種族主義者）可能不會傷害那些呼籲對他們要容忍的人，然而這些容忍論者很少被畫成動物、做成海報在皇家利明頓溫泉（Leamington Spa，英格蘭小鎮）到處張貼。在我們下結論說容忍這類言論能培養美德之前，應該跟那些被畫成動物的人聊聊，或是跟那些親身遭遇的苦難或他們父母遭遇的苦難被（司科基新納粹主義者）恥笑的人聊聊。[151]

沃德倫這類觀點在一九八〇與一九九〇年代激起大學校園禁止仇恨言論的運動，又因為少數族群的大力敦促，這場運動把矛頭對準種族主義言論。倡議應禁止針對少數族群的仇恨言論者表示，成為這類言論攻擊目標的學生因為這些言論而受到創傷。為了因應這個問題，有些教授與學生呼籲校方訂立言論準則，違規時也要懲處。

為數頗眾的大學院校都訂立了言論準則，而且在實行上處理了多種不同的具有傷害性的言論，遠超出最初的種族議題。在最廣為人知的言論準則當中，有一條來自史丹佛大學，其規定任何「意圖基於個人或小群體的性別、種族、膚色、生理障礙、宗教、性傾向或民族與人種而對該個人或群體予以侮辱汙名化」，均構成該準則所禁止之「以人身詆毀進行的騷擾」。麻薩諸塞大學阿默斯特（Amherst）分校於一九九五年提出一項言論準則，又在上述禁止項目中加上「年齡、婚姻狀態、退伍身分」，而該校研究所學生會還想加入「國籍、文化、愛滋病感染、語言、生養子女、政治信念與妊娠」。

禁止騷擾言論的特質清單不斷加長，使言論準則運動成為嘲笑對象。一九八九年，一個聯邦法院判定密西根大學的言論準則違憲，史丹佛的準則在幾年後也沒有通過司法考驗。這場運動逐漸降溫。

黑人與其他少數族群學生確實曾在某些大學院校遭受惡劣待遇，而且不僅限於言論攻擊。只不過，靠言論準則解決問題的想法一旦落實，很容易出現政治正確式的抨擊，就連發揮一點幽默感似乎都變得很危險。一名哈佛法學院教授曾因為引述傑克森大法官的意見書而引來抗議，癥結在於傑克森那份意見書引用了拜倫（Byron）描寫茱莉亞的著名詩句，「曾誓言絕不會同意的她，同意了」。*

企圖審查大學院校言論的表現不限於這類愚蠢事蹟。二〇〇三年，眾議院通過《高等教育國際研究法》（International Studies in Higher Education Act）。這部法律差點就規定教育部長在分配大學院校的聯邦經費時，必須將各校外語或區域研究課程是否反映多元觀點納入考量。這部法律也差點催生一個諮詢委員會來「研究、監督、鑑定與評估」

* 編註：出自拜倫描寫一位風流男子的詩篇《唐璜》（*Don Joan*）。茱莉亞是詩中一位因為愛上唐璜而出軌的有夫之婦。

由聯邦出資贊助的大學計畫。代表加州的眾議員霍華・柏曼（Howard Berman）是這部法律的主要支持者，他表示他很關切大學的中東研究計畫的「反美偏見」，並聲稱有證據顯示許多拿聯邦經費從事中東研究的人員「質疑在中東與其他地區提倡美國民主與法治理念是否有效」。

美國大多數的大學院校多少都有聯邦政府資助。有了這種法律，他們的教員與管理階層可能得擔心學校課程是否契合聯邦委員會的思想，抑或更有可能的是其意識形態。然而，柏曼眾議員支持該法的前提，也就是在中東「提倡美國民主理念」是明智之舉，這想法毫無疑問很有爭議。會有伊拉克戰爭這場災難，這個前提要負很大責任。別的不說，大學尤其應該是各種思想的競技場。

當代美國關於具冒犯性的言論（offensive speech）最大的爭議並非口頭言論，而是一種象徵性表意行為：焚燒國旗。一九八四年共和黨全國大會期間，一群示威人士在街頭遊行、抗議雷根政府的政策。參與遊行的格里哥利・強森（Gregory Lee Johnson）在達拉斯市政廳前放火焚燒美國國旗，因此違反德州禁止褻瀆「具崇高意義物件」的法律而被起訴。最高法院以五比四的票數推翻強森的有罪判決，認為焚燒國旗的表意行為受增修條文第一條保障。布倫南法官在法院意見書中寫道：「若說增修條文第一條有任何根本原則，那就是政府不能僅因社會大眾認為某一思想本身具有冒犯性或令人不快，即禁止表達此一思想。」[152]

許多美國人確實認為焚燒國旗非常不妥。國會曾差點通過一條憲法增修條文，允許刑法制裁焚燒國旗的行為。一九八九年，國會真的通過了一部《國旗保護法》（Flag Protection Act），除了為處理破舊或已汙損的國旗，任何人「毀損、塗汙、實體汙損、焚燒、將之留置於地板或地面，或踩踏任何美國國旗」，均屬犯罪行為。不過，一九九〇年，藉由合眾國訴艾希曼案（*United States v. Eichman*），最高法院同樣以五比四的票數判決該《國旗保護法》違憲。[153] 布倫南再度負責撰寫主要意見書，並表示由該法條列禁止的項目本身足以顯示，該法是出於對國旗「不敬處置」的疑慮而訂立，因此，該法「是因為擔憂這類行為可能傳達的訊息之影響而對其表意加以限制。」布倫南結論道：「對褻瀆國旗的行為加以懲處，就削弱了使這個象徵備受尊崇也值得尊崇的那種自由。」

恐怖主義言論

在仇恨與具冒犯性的言論類型中，大多數的其他案例絕對比焚燒國旗更危險，例如在慕尼黑的某間啤酒館高談闊論反猶思想，或是在英格蘭的布道集會鼓吹年輕穆斯林去做一個自殺炸彈客（一個名叫理查．瑞德〔Richard Reid〕的信徒真的把炸彈藏在鞋子裡，企圖炸毀客機未遂。）

一九九四年，盧安達的一個廣播節目慫恿該國多數族群胡圖族採取行動，殺害少數族群圖西族與立場溫和的胡圖族。隨後發生的大屠殺導致超過五十萬人喪生。事發數年後，圖西族主持的政府下令禁止政黨訴諸族群身分認同，且公開宣揚「分化主義」亦屬違法行為。[154]我們這些生活在美國、躲過這類悲劇的人，應該跟盧安達人說這是限制言論自由的不當舉措嗎？

我們這個時代見證過言論激發的大規模屠殺與恐怖行動，所以要我如同以往那般相信布蘭迪斯所述，良善見解是糾正邪惡見解的唯一之道，也比較不容易了。根據美國憲法，只有表意人表意的目的是引發暴行或違法行為，且這些行為也極可能立即發生，我們才能限制如此的言論。但法官及我們一般人或許現在對於那些罕見且真正危險的表意行為——不是焚燒旗幟，也不是大學生口出種族歧性的髒話——要更為警戒。我認為，如果某群受眾中有成員稍被慫恿就會立即行動之情形，那麼我們應該有權懲處向這群受眾鼓吹恐怖主義暴行的言論。這種危險確實稱得上是迫在眉睫。

第十一章

利益的權衡

「政府不可為個人決定他們宣揚政治觀點的支出是否屬浪費、過量或不智。」

——最高法院意見書——

新聞媒體報導的自由

增修條文第一條的理念，自二十世紀中葉起牢牢抓住了美國人的想像。就連在言論爭議中，傾向採取壓制言論的保守派人士，現在都加入高舉表意自由的行列。民眾把「增修條文第一條」掛在嘴邊，彷彿憑這幾個字就能解決爭論中的話題。不過實情並非如此，言論自由與出版及新聞自由從來不是絕對不可侵犯。言論自由與出版及新聞自由該如何與其他利益互相調適，對法院與社會都是一再浮現的棘手課題。

如何兼顧新聞自由又不失公平審判的保障就是個長期懸而未決的例子。如果早在審判開始前，報章雜誌與廣電節目早已繪聲繪影地將被告公審定罪，被告如何能有一個公正的陪審團？最高法院已花了將近四十年的時間。再一次，起點是英格蘭的司法慣例。

一九四九年，倫敦發生一連串謀殺案，死者的脖子上都有咬痕。市井小報照例地給這個不知名兇手冠上「吸血鬼殺手」的封號。一九四九年三月四號，當時最暢銷的小報《每日鏡報》（*Daily Mirror*）刊出頭條：〈吸血鬼——一名男性落網〉，報導的導言可謂那個時代的八卦報導的經典作：「吸血鬼殺手永遠無法再出擊。《每日鏡報》今天能向讀者拍胸脯保證，此人目前被鎖入大牢，不再能引誘受害人並予以殘殺。本國最精銳警探拍板定論。」這篇報導沒有寫出這個「被鎖入大牢」的人叫什麼名字，不過在報紙內頁，一則短篇報導說有個名叫約翰．喬治．黑格（John George Haigh）的人因為正在協助警方調查——這是「被警方偵訊」的八卦報導式說法——內情不詳的犯罪偵查。

《每日鏡報》主編是席維斯．波藍（Silvester Bolam），因為他常穿白襯衫配黑西裝，同事都叫他波藍主教。法院傳喚波藍出庭，法官以妨礙嫌犯接受公平審判為由判處他藐視法庭與三個月徒刑。波藍被直接從法庭押送入監服刑，從此退出新聞界。

這是英國阻止外界在審判前對罪案發表評論的作法：又快又狠，而且至今不變，只不過踩線的編輯現在比較常被罰款而不是罰坐牢。例如第九章提過，《週日時人》曾報導一位搶劫者入侵白金漢宮的事件，說保護女王的方式是「菲利普，給她抱抱」，該報編輯就被罰款了。

美國的現實狀況則是另一回事了。一九七七年，紐約一名連環殺手在信件中自稱

「山姆之子」（Son of Sam）。當嫌犯大衛・伯克維茲（David Berkowitz）被捕時，《紐約郵報》（*New York Post*）以紅色字體刊出頭條：〈落網！〉，並且在報導中公布其名，聲稱伯克維茲向警方表示他被捕時正要出動殺害更多人。[155]做這篇報導的《紐約郵報》編輯全身而退，一點麻煩也沒有。

英國對即將審判的案件所發表的公開評論予以嚴格看待，而在美國，因為第九章也討論過的布里奇斯訴加州案，最高法院在一九四一年為本案做的判決使美國法律與英式作風分道揚鑣。最高法院認為，這類評論除非有妨礙司法公正的「明顯且立即危險」，否則不能依藐視法庭予以懲處——在此以後，沒有一則司法相關評論被判定為有這種危險。祭出藐視法庭本是阻止可能妨礙未來公平審判的報導之手段，這種手段被很有效地禁止了。

只不過，轟動一時的案件仍會在開庭前受新聞媒體大肆報導，仍會因此影響公平審判，我們還能如何改善這個問題？一九六一年，最高法院首度嘗試另闢蹊徑。最高法院依據憲法推翻了一名被告的殺人罪判決，因為審前的新聞媒體曝光使得該案不太可能獲得公平審判。這個案子是厄凡訴道爾案（*Irvin v. Dowd*），該案案情非常兇殘，被告也被新聞媒體冠上「瘋狗殺手」的封號。[156]在審前的訪談中，十二名陪審團團員有八人說他們根據讀過的報導認為被告有罪——不過，這些人仍自認能只根據呈庭事證做客觀的判斷。

在布里奇斯案提出不同意見的法蘭克福特大法官仍想直接制裁新聞媒體——他為本案另行提出的意見書就語帶憤怒地直言：「本院從未認定公平審判須屈居於保障我國憲政體系的另一保障——新聞自由——之下。本院亦從未認定，在因為陪審團團員或可能團員的心智受蠱惑而導致有罪判決不得不被推翻或導致判決失當結果之情形，蠱惑人心者仍能在憲法保護下繼續執業。」這是法蘭克福特一廂情願的想法。事實上，最高法院已經認定他所謂的蠱惑人心者（亦即新聞媒體）受憲法保護——至少是能免於英制中的藐視法庭處罰。

如果陪審團確實受到新聞媒體聳動報導的影響，我們是可以推翻他們做的有罪判決，但這種處理方式很笨拙。等受理上訴的上訴法院如此決定時，證人可能已經死亡或不見蹤影了。最高法院透過山繆．薛柏（Samuel Sheppard）案的裁決提出了一些其他的解決方式。[157] 薛柏案因為被好萊塢改編成劇情片《絕命追殺令》（*The Fugitive*）而聲名大噪，當事人是新聞媒體所謂的「山姆醫生」（Doctor Sam），被控於一九五四年在俄亥俄州克里夫蘭市自宅謀殺妻子。在新聞媒體的推波助瀾下，輿論強力要求逮捕並起訴山姆醫生。曾有一篇報紙頭版社論的標題是〈莫再拖延，立即逮捕〉，還有某個廣播節目主持人拿薛柏與阿爾傑．希斯（Alger Hiss）相提並論——這是當時另一件轟動大案，當事人希斯被指控為蘇聯間諜。記者在薛柏案開庭時擠滿法庭，陪審團團員與證人不論進出法庭都被照相機拍個不停，也都上了電視。

薛柏訴麥斯威爾案（*Sheppard v. Maxwell*，一九六六年定讞）上訴至最高法院時，克拉克大法官寫道，「本案審判時，法庭有如瘋人院」。最高法院的結論是薛柏身為被告應得的「平靜且沉著的司法程序」遭到剝奪，因此推翻他的有罪判決。法院意見書由克拉克大法官執筆，而他提議了幾個預防這類不良影響的方法。初審法官可以禁止警方、檢察官及被告律師對新聞媒體發表聲明。法官有權也應該控制法庭場面。如果已有偏頗觀點公開傳播，法官可以推遲庭審時間，或是另擇異地開庭，也就是變更審判地（change of venue）。他們也可以隔離陪審團，使其不受輿論影響。

薛柏案有個非常奇特的地方。薛柏在一九五四年被判有罪，而俄亥俄州法院直到一九五六年才判決定讞，最高法院則是在同年拒絕受理審查本案的申請。不過等到十年後，因為薛柏的律師為他申請人身保護令，最高法院又同意受理本案，結果推翻了他的有罪判決。為什麼最高法院在十年後改變了心意與判決方式呢？

這次人身保護令的申請把重點放在新聞媒體於審前與審判期間造成的偏見效應。我的猜想是，大法官在一九六六年會覺得這議題很迫切，是因為同時期發生了另一個重大事件：甘迺迪總統遇刺，而主嫌李・哈維・奧斯華（Lee Harvey Oswald）在達拉斯警察總部遭人槍殺身亡。首席大法官華倫是這次刺殺案與後續事件調查委員會的主席，該委員會在報告中嚴詞抨擊達拉斯新聞媒體的種種行徑，其中之一是把警察總部擠得水泄不通，這很可能幫了槍擊奧司華的傑克・魯比（Jack Ruby）進入警察總部與成功的槍殺。

另一個讓審判免於新聞媒體曝光以求公平審判的構想是由法院發出禁制令，不准新聞媒體在審前發表「強烈暗示被告有罪」的任何報導。這個構想起於一樁慘烈的刑案：一九七五年，內布拉斯加州小鎮薩瑟蘭（Sutherland）發生一起一家六口兇殺案，犯人還性侵了被害人。一名嫌犯厄文・查爾斯・席蒙茲（Erwin Charles Simants）被捕，全國與地方的新聞媒體自然投以密切關注。檢察官與席蒙茲的律師聯合請求內布拉斯加法院限制新聞媒體報導，以免挑選不出公正無偏見的陪審團團員。內布拉斯加最高法院於是禁止新聞媒體對席蒙茲的自白（他確實做了一項自白）進行報導，或發表對他有「強烈暗示性」的新聞。

一九七六年，美國最高法院受理審查這個禁令。[158] 外界高度期待最高法院會允許對報導實務加諸某些限制，其他各級法院則已經開始針對重大刑案發出類似禁制令（新聞媒體管這叫「禁言令」〔gag order〕，讓這種禁令看起來很不應該似的）。不過最高法院並沒有這麼決定。首席大法官柏格在他撰寫的法院意見書中說，「對言論與出版加諸事前限制，是對增修條文第一條保障之權利最嚴重的侵犯，也最不能容忍」。這份意見書也表示，除非有導致不能公平審判的「明顯且立即的危險」，否則法院不得禁止新聞媒體在審判前報導刑案訴訟程序。這句一向難以拿捏的「明顯且立即的危險」掩蓋不了一個事實，也就是內布拉斯加新聞媒體協會訴史都華案（*Nebraska Press Association v. Stuart*）是新聞媒體的一大勝利。鄉下小鎮發生了駭人的多重兇殺案，如此慘重的案情都不能禁止新聞媒體報導嫌犯自白，那就幾乎沒有其他禁制令可行了。事實上，自本案之後，也沒有任何報導禁制令能在新聞媒體上訴後繼續維持。

三年後，有人提出另一個避免陪審團產生偏見的方法。上紐約州的某件兇殺案預審時，被告的辯護律師起身關上審訊室大門，把包括新聞媒體在內的民眾擋在外面。檢察官沒有異議，主審的丹尼爾．德帕斯卡（Daniel A. DePasquale）法官也首肯了。不過甘尼特（Gannett）報業集團提出抗告，這件甘尼特企業訴德帕斯卡案在一九七九年上訴到最高法院。[159]

最高法院以五比四的票數維持了閉門審訊的原命令，多數意見書並未把重點放在憲法增修條文第一條，而是增修條文第六條：「在所有刑事訴訟中，被告有權……獲得迅速且公開之審判……」。史都華大法官表示，只有被告可以請求公開審判權，新聞媒體這類局外人無權請求，而本案被告主動放棄了這項權利。他寫道：「憲法增修條文第六條與第十四條並未賦予社會大眾出席刑案審判的憲法權利。」哈利．布萊克蒙（Harry Blackmun）代表四位少數大法官發表不同意見書，反對多數意見書對增修條文第六條的援引，而他的分析聽來比較像是在對增修條文第一條的討論。他表示，公開審判的保障能確保每個人在刑事審判體系中都「受公開檢視」，而如同本案，預審程序經常會審理關於警方濫用職權的控訴，這也是社會大眾得知可能存在的官方濫權的唯一機會。他也指出，大多數的刑事案件都在審前進行一次認罪協商就達成結論；在一九七六年，本案審判地點塞內卡郡（Seneca）就沒有任何刑事訴訟案進入審判階段。

甘尼特案判決引發新聞界集體憤慨。美國報業發行人協會（American Newspaper Publishers Association）主席說這顯示最高法院「執意顛覆憲法」。數名大法官反常地表示這些批評使他們感到困擾。

甘尼特案定讞一年後，最高法院轉變了立場。該院在里奇蒙報業公司訴維吉尼亞州案（*Richmond Newspapers v. Virginia*）中考量了同樣問題：[160]根據增修條文第一條，是否可以進行閉門審判以保護陪審團不受侵犯？最高法院以八比一的投票結果，認定增修條文第一條的言論與新聞自由條款保障了公眾旁聽審判的權利（本案口頭辯論時，哈佛法學院的勞倫斯．特萊布〔Laurence Tribe〕教授是代表報業公司的辯論律師，而他放棄主張新聞媒體有任何取得資訊的特權）。本案沒有多數意見書，不過史蒂文斯大法官在一份協同意見書中點出本案更重大的意義：「本院對於資訊或思想之傳播幾乎一概給予絕對保護，但從未明確認定採集具有新聞價值事項之行為有權獲得任何憲法保護，直至今日為止。」

史蒂文斯所述的憲法新論是一種革命性的觀點。有了增修條文第一條保障的資訊獲取權，新聞媒體可以為了查閱政府秘密文件或出席閉門會議而提起訴訟。看起來似乎是這麼一回事，然而實際上絕非如此。最高法院新認可的資訊獲取權僅限於已有對外公開傳統的情境，例如法院審判程序。新聞媒體為了獲取其他未公開資訊的嘗試都沒有成功。

循憲法途徑隔絕陪審團與外界評論的努力以失敗告終。最高法院一直無法解決公平審判與新聞自由的利益之爭——結果是任憑後者占了上風。

政治獻金與表意自由

許多社會議題都涉及表意自由其他重要利益的拉鋸，公平審判只是其中一例。另一個課題是為了限制政治獻金所可能造成的腐化效應所做的努力，這複雜到值得寫一整本書來探討，這裡只能簡要說明。

美國選舉活動之揮金如土，是其他民主社會所望塵莫及也不能容許的。到了二十一世紀，主要政黨的總統候選人光是為了初選和其他選戰暖身活動就會花費超過一億美元。國會曾在一九七一與一九七四年立法，希望能控制募款競賽與隨之而來的關說。這些立法限制個人對候選人的捐獻額度，候選人本人或他人代為支出的開銷也有限額。

一九七六年，因為巴克利訴瓦萊奧案（*Buckley v. Valeo*），[161]最高法院考量了這些金額上限是否有違增修條文第一條的表意自由，最後決定對政治獻金設限是合憲的，不過對政治開支設限違憲。最高法院表示，政治開支也是一種言論形式，而且是屬於增修條文第一條保障的核心言論。這份未署名的意見書表示增修條文第一條「否決了政府此一權力，亦即政府不可為個人決定他們宣揚政治觀點的支出是否屬浪費、過量或不智」。對於個人身家豐厚或善於吸納獻金的候選人來說，這個判決讓他們享有很大優勢。哈佛法學院的佛洛伊德教授是他那一輩首屈一指的憲法學者，他睿智的文字可以總結社會對這個判決的批評：「有人說金錢萬能。我認為金錢萬能就是問題所在，而不是解決之道。」

不消多久，政治人物與他們的支持者就在最高法院決定維持的限制政治獻金裡大鑽漏洞。二〇〇二年，國會再度立法試圖遏止金錢氾濫，過去不設限的個人對政黨獻金就此被禁，新法也規定企業與工會在選戰期間贊助播放某些電視廣告是違法行為。[162]結果全國不分立場左右，從全國步槍協會（National Rifle Association）到公民自由聯盟都抗議這部法律違反增修條文第一條。不過最高法院駁回了抗議方的主張。[163]這次判決帶來多份意見書，在司法界也各自有支持者，大法官投票結果是五比四——由此可見競選改革與表意自由的利益衝突有多麼激烈。即使改革的一方獲得司法的勝利，競選開支實際上仍繼續攀升，而這種現象最高昂的代價即是政治人物為了募款必須無所不用其極，這比貪腐還更糟糕。二〇〇七年，最高法院在兩名新任大法官加入後不再支持改革，而認定限制獨立個體在選舉前一定時間內不得為政治支出違反增修條文第一條。[164] 參眾兩院議員不得不為選戰先打一場無止境的募款活動。

法官選舉

增修條文第一條對選戰的影響也出現在另一個不同的脈絡：法官選舉。美國大多數州法官都是藉選舉產生，不像其他西方國家或聯邦法官是採取任命制（聯邦法院運作的法源是一七八〇年由亞當斯起草的麻州憲法，至今仍然有效。）

法官選舉在過去是沒有引起太多注意的無聊公事，有些州的法官有固定任期或得藉定期選舉決定是否續任，而現任法官通常會勝選。不過到了二十世紀末，保守政治勢力醒悟到司法判決會影響他們看重的議題，例如墮胎等社會問題和懲罰性賠償這類經濟問題，於是保守派開始抵制某些現任法官、投入愈來愈多金錢以期換人上馬，並且屢獲成功。

為了避免法官選舉政治化，許多州立法禁止法官候選人就爭議課題發表個人觀點，例如不能有「我反對墮胎」這類發言。明尼蘇達州就有所謂的「宣布條款」（announce clause），禁止法官候選人公開表達對司法或政治議題的個人意見。明尼蘇達共和黨抗議該法違反增修條文第一條，於二〇〇二年獲最高法院判決勝訴。[165]最高法院以五比四的票數決議：法院政治化即使日趨嚴重，也是我們為維護言論自由的體制必須付出的代價。許多其他州的類似規定也因為這個判決被推翻。在過去微不足道的法官選舉開支如今遽增——州最高法院大法官的競選經費高達超過一百萬美元之譜。

我認為這個有關明尼蘇達州法的判決是對增修條文第一條極糟的濫用，只做死板地解釋，無視背後牽涉到的現實狀況。霍姆斯法官曾說政治言論的考驗是「讓該思想經由市場競爭使人接納以獲取其影響力」，但是司法判決的考驗，並不一樣。有些最偉大的司法意見其實與主流觀點恰相對立——霍姆斯與布蘭迪斯為反對懲處激進言論而提出的不同意見就是典範。如果法官在競選時公開個人意見，實則就是在告知選民他們會如何判案，那麼他們不過等同於另一種政治人物罷了。法官獻身的對象應該是法律，要對其盡可能如忠實地加以解釋，而不是迎合時下風行的觀點。

如同明尼蘇達州案，當最高法院是憑些微差距做出爭議性判決，大失所望的人總不免希望最高法院之後可能會推翻原判。實際上，有人比心存希望更為積極。最高法院在一九七三年在羅伊訴偉德案（*Roe v. Wade*）宣判婦女有憲法保障的墮胎自主權，反對人士就極力動員推翻這個判決。[166]最高法院也曾表示該院的憲法解釋之決定永遠保持開放，會根據經驗與新的理解重新考量。

首席大法官休斯說不同意見書是在訴諸「法律的沉思精神」。他曾說最高法院有三次判決可謂「自我傷害」，對美國和最高法院造成嚴重損害，而這三個判決後來都藉由不同方式予以推翻。[167]

第一次是德瑞德・史考特（Dred Scott）案判決，首席大法官羅傑・塔尼（Roger B.

Taney）在一八五七年為本案撰寫的意見書認定黑人不能成為美國公民。[168]推翻這個判決的是南北戰爭和增修條文第十四條——因為該修正條文，凡是在美國出生的人即自然成為公民。第二次判決是為了一八六九年的多件法定貨幣訴訟案之一，最高法院內部意見分歧，最終判定紙幣違憲，但在兩年後推翻這個判決。[169]第三次判決出現在一八九五年，最高法院認定聯邦直接徵收所得稅（百分之二）違憲，而一九一三年的增修條文第十六條推翻了這個判決。[170]

最高法院在晚近推翻自己早先判決的頻率更勝早年，一個知名的例子是最高法院透過二〇〇三年的勞倫斯訴德州案（*Lawrence v. Texas*）判決各州不能立法禁止同性性行為，而這個判決推翻了一九八六年的一個判例。[171]即使如此，最高法院改變心意時還是很值得矚目。而自從增修條文第一條躍居首要位置，最高法院視言論自由與出版及新聞自由為重中之重的立場就未再動搖。近年來，羅伊訴韋德案的墮胎權判決益發岌岌可危，不過《紐約時報》訴蘇利文案與其他表意自由的歷史性判決仍屹立不搖。

第十二章

思想的自由

「人如果勇敢而自立，

如果也信任在民主治理程序中所須運用的自由且無懼的理性討論所產生的力量，

言論就不可能帶來任何明顯且立即的危險……」

——布蘭迪斯大法官——

言論自由為什麼重要？

美國憲法增修條文第一條應許的言論自由與出版及新聞自由不只是外在的權利，也跟人的內在有關：不只是「表意的自由」，也是「思想的自由」——在憲法問世前，就有人拿後面這句話來概括美國的立國承諾。約翰．亞當斯的堂兄山繆．亞當斯（Samuel Adams）極富口才，以慷慨激昂的演講協助催生了美國獨立革命，而他在《獨立宣言》於一七七六年發表幾週後告訴聽眾：「思想自由與在良知問題上應由個人判斷的權利，在天底下處處為人所不容，它們被指引到這個幸福的國家，也是它們最後的避難所。」[172]

為什麼我們想要思想的自由、言論自由與出版及新聞自由？哲學家、法官與學者教授已經詳細探討過箇中原因。霍姆斯大法官曾深受察菲教授的文字影響，而察菲把這種自由分成兩大類來談。他寫道：「增修條文第一條保護言論自由的兩種利益，其一是個人利益：許多人感到有需要對他們認為至關重要的事物發表意見，人生才值得活。其二是追求真理的社會利益……」173

在歷史的長河中，個人都在不斷抵抗壓迫、力求表達自我。就像察菲說的，不論是出於科學、文學或政治目的，這些人自覺有發聲的需要。伽利略想發表他藉由科學觀察而證明的事實：地球繞著太陽轉動。不過他最終被迫消音，出手的是天主教會體系的鎮壓部門──宗教裁判所（貝托爾特．布萊希特〔Bertolt Brecht〕的劇作《伽利略》精彩地重現了這段故事）。鮑里斯．巴斯特納克（Boris Pasternak）在蘇聯的史達林恐怖統治下噤聲多年，但仍撰寫了《齊瓦哥醫生》並設法在國外出版，後來贏得諾貝爾獎。但即使史達林已經過世，官方壓力仍迫使他放棄領獎。安妮塔．惠特尼反抗自己顯赫的家庭，因為協助創立加州共產主義勞工黨而惹禍上身。她的有罪判決促使布蘭迪斯大法官為言論自由發出不朽宏論。

如同察菲所說，特別需要自我表達、否則覺得人生不值得活，這似乎是一種美國人的特質。愛因斯坦曾用一模一樣的句子形容他初抵美國時的發現。他在一九四四年寫道：「就我所見的美國人，人生如果沒有自我表達的自由，對他們來說恐怕不值得活。」174

思想自由所蘊含的社會利益已經有人透過多種不同角度闡述，其中最重要的一個論點是察菲所謂「追求真理的利益」。約翰・史都華・彌爾（John Stuart Mill）在他於一八五九年出版的《論自由》中為這個說法打下理論基礎。他主張，被壓制的意見可能含有社會需要的完整或部分真理，此外他也表示，即使是不實信念也有其價值，因為就它所做的辯論過程可以檢驗並證實相反觀點所蘊含的真理。

在一九一九年亞伯拉姆斯案的不同意見書中，霍姆斯鏗鏘有力地闡述了彌爾的主張：「要達到他們所希冀的最高共善，觀念的自由交換才是比較好的方法——對一思想是否為真理最好的試煉，是讓該思想經由市場競爭使人接納以獲取其影響力。」（「意見市場」〔marketplace of ideas〕這個名詞經常被認為是出自於霍姆斯而被引用，不過他並未真正寫下這個名詞。布拉西教授曾考察追溯這個名詞，發現這個詞首次出現於一九三六年大衛・紐伯德〔David M. Newbold〕給《紐約時報》的讀者投書。）[175]

不像許多人把言論自由推崇為真理的搜尋引擎，霍姆斯對於言論自由可能引致之嚴重後果的風險做了準備。布拉西教授如此表示：

霍姆斯是位沙場老兵與驕傲的達爾文主義者，他認為包括鼓吹暴力革命在內的異議言論，最可貴的功能之一是它能催生人的某些不滿、抱負與動員行動，推動政治變遷與轉型……言論自由最激勵人的貢獻或許就在於它能讓人自由地追隨自己的政治思想，不論這些思想會引領他們走向何方——也就是事關政治忠誠、個人是否同意、是否服從與採取暴力行動時，他們皆能自由地思考各種天馬行空的選項。

麥迪遜認為言論自由，尤其是新聞自由，是共和政體所不可或缺——在這種政治體制裡，「擁有至上主權的是人民而非政府」。哲學家米克爾約翰是倡導麥迪遜思想的當代推手，他曾在一九四八年說：「自我治理的人必須親自對何謂不智、不公與危險下判斷，而不是靠任何其他人。」[176] 因此對米克爾約翰來說，沒有任何對政治言論的限制能與增修條文第一條相容。

就政治言論自由而言，還有一個特別的切入點，也就是布拉西所謂的「監督功能」

（checking value），亦即媒體與評論者糾舉與匡正官方濫權的功能。有鑑於政府行政部門掌握如帝王般的大權已經膨脹至前所未有，這種監督功能也變得至關重要。小布希總統曾經以錯誤的前提讓美國捲入伊拉克戰爭，違法暗中下令竊聽美國公民，宣稱政府有權刑求俘虜，然而國會似乎不能或不願發揮麥迪遜與其他制憲先賢設想的制衡力量。到頭來，洞悉秘密並揭發濫權的是新聞媒體，而小布希也不是唯一一個有帝王野心且擁權自重的人。

支持廣泛的表意自由的最後一個觀點是它對於個人在社會中人格的影響。自由社會的公民必須勇敢——不只要有勇氣聽取不受歡迎的政治言論，還要有勇氣面對科學與藝術界的奇思異想。布蘭迪斯在他為惠特尼案撰寫的意見書中就點出了公民勇氣（civic courage）這個主題：

> 藉革命為我國贏得獨立的先賢並非懦夫。他們無懼於政治變革，也沒有為了鞏固秩序而犧牲自由。人如果勇敢而自立，如果也信任在民主治理程序中所須運用的

自由且無懼的理性討論所產生的力量，言論就不可能帶來任何明顯且立即的危險，除非我們所疑懼的禍患是如此迫在眉睫，在有機會充分討論前就可能發生……

自由社會必需的勇氣不僅限於那些相信改變的人，新聞工作者與其他意見領袖也要具備，尤其是法官。美國社會在行為合宜準則的品質提升，有許多偉大進步都始於法官，不論是種族正義、對女性與同性戀者給予平等的人道的尊重，以及言論自由本身都在其列。每引領一次重大進步，法官都要承受尖銳的抨擊，有時甚至是人身危險。霍姆斯曾如此形容最高法院：「那裡面很寧靜，處於暴風中心的那種寧靜。」[177]

二十世紀晚期，外界對法院的攻擊日益猛烈。因為最高法院在一九五四年的布朗訴托皮卡教育委員會案判決公立學校的種族隔離違憲，從此推動了民權進步，所以有許多針對法院的敵意來自想捍衛種族制度的南方白人。[178]這些抨擊人士致力使最高法院與大法官失去威信。後來，為法院引來強烈反彈的則是那些維護激進分子言論自由的判決。

保守派用「積極」（activist）一詞來譴責他們不苟同的對象，例如「積極法官」、「積極判決」，暗示法官逾越了釋憲的恰當職分，不過這說法的使用很不一致，最後除了用來譴責評論者厭惡的判決結果，已經失去意義。事實是，大膽的司法判決使美國成為現在這樣的國家，從馬歇爾大法官對美國的宏大願景到布朗案的判決皆是如此。在一個國際環境充滿威脅，政府也隨時準備藉此擴權的時代，只有這種大無畏的司法精神與這種勇氣，才能維護自由的社會。

當然，民主國家不該等待法院出手相救。某些對美國自由的威脅從未透過司法程序予以解決。一七九八年的《反煽動叛亂法》實質上是在一八〇〇年由選民藉選舉予以否決。一九二〇年的帕爾默大搜捕最終引發民怨沸騰。二戰期間曾有人向最高法院挑戰自西岸遷移日裔美國人的軍令之合憲性，最高法院當時雖然否決了那次上訴，但國會最終為政府的荒唐行徑道歉。公開曝光也曾經終結了政府最陰險的人權侵害計畫之一。胡佛長年擔任聯邦調查局局長，曾透過反諜計畫（Cointelpro）騷擾他認為是危險左翼分子的對象、處心積慮讓他們無法過正常的生活。這個計畫之所以會曝光，是因為有個匿名團體在一九七一年侵入調查局在賓夕法尼亞州米迪亞（Media）的辦公室竊取文件，並對外流出計畫名稱和某些令人髮指的行動。*即使在對共產主義聞之色變的時代，也容不得攤在陽光下的反諜計畫——用布蘭迪斯的話來說，曝光是「最好的消毒劑」。

秘密與壓迫會滋生恐懼，開放則能使人信心茁壯。布萊克大法官的小姨、民權運動人士維吉尼亞·杜爾（Virginia Durr）提到布萊克時說得很貼切：「他覺得如果大家不能討論爭議，人就不可能有自由。這是我在他身邊時總覺得很安全的原因之一。」[179]

二〇〇六年伊拉克戰爭期間，二十五歲的巴基斯坦女性努兒·法締瑪（Nur Fatima）移居美國。她在布魯克林落腳，並且在那裡接受《紐約時報》記者安德雅·艾略特（Andrea Elliott）訪問。她告訴艾略特：「我在這個國家得到自由，一切的自由，思想的自由。」[180]

---

* 編註：美國聯邦調查局的反諜計畫（Counter Intelligence Program）從一九五六年延續到一九七九年，針對各個他們認為有顛覆政府傾向的組織進行監聽、滲透、騷擾、破壞信譽等工作。他們的攻擊對象包括女性主義運動團體、反越戰團體、共產主義團體、民權運動，以及包括馬丁·路德·金恩博士、黑豹黨在內的黑人運動團體。

山繆・亞當斯的美國願景依然生生不息。

謝辭

過去二十年來，文森・布拉西與我在哥倫比亞大學新聞研究所合授一門課。他是哥倫比亞大學與維吉尼亞大學的法學教授，而那門課的主題是憲法與新聞媒體。文森讓我受益良多，也非常好心地讀過本書手稿並提出許多重要建議，令我感激不盡。

我的經紀人 Wendy Strothman 是構想這本書的人，後來也持續給予我寶貴建議。William Frucht 是基本出版社（Basic Books）執行編輯，是他讓這個構想付諸實行，他的助理 Courtney Miller 以及基本出版社的企劃編輯 Shana Murph 與 Sandra Beris 也功不可沒。本書文字編輯 Katherine Streckfus 負責糾正我與挑戰我的觀點，表現十分出色。負責《紐約時報》最高法院報導的 Linda Greenhouse 協助我解讀最高法院意見書難解的深意。多年來，《紐約時報》的圖書管理員與研究員都讓我受益良多。

Christina Mathers 協助我在撰寫本書時保持正確方向，在其他方面也多有幫助。我的太太 Margaret Marshall 是法官，對我寫的每個字都投以專業且關愛的批評眼光。

謹在此感謝你們所有人。

177 Oliver Wendell Holmes Jr., "Law and the Court," speech, Feb. 15, 1913。

178 347 U.S. 483 (1954)

179 Virginia Foster Durr, *Outside the Magic Circle* 167 (University of Alabama Press 1985; Simon & Schuster/ Touchstone 1987)。

180 見 *New York Times*, Sept. 10, 2006, p. A1。

158 *Nebraska Press Association v. Stuart*, 427 U.S. 539 (1976)。

159 *Gannett Co. v. DePasquale*, 443 U.S. 368 (1979)。

160 *Richmond Newspapers v. Virginia*, 448 U.S. 555 (1980)。

161 *Buckley v. Valeo*, 424 U.S. 1 (1976)。

162 二〇〇二年兩黨競選改革法（Bipartisan Campaign Reform Act of 2002）。

163 *McConnell v. Federal Election Commission*, 540 U.S. 93 (2003)。

164 *Federal Election Commission v. Wisconsin Right to Life*，見 New York Times, June 26, 2007, p. A1: "Justices Loosen Ad Restrictions in Campaign Law,"by Linda Greenhouse and David Kirkpatrick。

165 *Republican Party of Minnesota v. White*, 536 U.S. 765 (2002)。

166 Roe v. Wade, 410 U.S. 113 (1973)。

167 Charles Evans Hughes, *The Supreme Court of the United States* 68 (Columbia University Press 1928)。

168 *Dred Scott v. Sanford*, 60 U.S. 393 (1857)。

169 首件法定貨幣訴訟案是 *Hepburn v. Griswold*, 75 U.S. 603 (1869)。

170 *Pollock v. Farmers' Loan & Trust Co.*, 157 U.S. 429 (1895)。

171 *Lawrence v. Texas*, 539 U.S. 558 (2003)。

172 第十二章

一七七六年八月一號於費城演講。

173 Zechariah Chafee Jr., *Free Speech in the United States* 33 (Harvard University Press 1941)。

174 Walter Isaacson, *Einstein* 480 （Simon & Schuster 2007。繁體中文版為《愛因斯坦——他的人生，他的宇宙》，時報出版，二〇〇九年）; 也請見該書註釋二十六。

175 Vincent Blasi, *Holmes and the Marketplace of Ideas*, Supreme Court Rev. 2004, 1, 39。

176 Alexander Meiklejohn, *Free Speech and Its Relation to Self-Government* (Harper Brothers 1948)。

140 Harold Edgar and Benno Schmidt Jr., *Espionage Statutes and the Publication of Defense Information*, 73 Columbia L.R. 929 (1973)。

141 New York Times, Dec. 7, 2001, p. 1, col. 4。

142 《紐約時報》的 James Risen 與 Eric Lichtblau 自二〇〇五年十二月十六號起發表多篇國安局竊聽報導，首篇是 p. A1, col. 1, *Bush Lets U.S. Spy on Callers without Courts.* 他們的普立茲獎報導見 *New York Times*, Apr. 18, 2006, p. B7, col. 1

143 *Home Office v. Harman*, [1983] 1 A.C. 280。

144 *Bridges v. California*, 314 U.S. 252 (1941)。

第十章

145 *Beauharnais v. Illinois*, 343 U.S. 250 (1952)。

146 *Collin v. Smith*, 578 F.2d 1197 (1978)。

147 Oct. 21, 2006, p. 64。

148 見 *New York Times*, Dec. 21, 2006, p. A3, col. 1。

149 見 *New York Times*, Aug. 21, 2006, p. A8, col. 1。

150 見 *New York Times*, Feb. 9, 2007, p. A11, col. 1。

151 見 *London Review of Books*, July 20, 2006, pages 22–23。

152 *Texas v. Johnson*, 491 U.S. 397 (1989)。

153 *United States v. Eichman*, 496 U.S. 310 (1990)。

154 見 Stephen Kinzer, *Big Gamble in Rwanda*, *New York Review of Books*, Mar. 29, 2007, p. 23。

第十一章

155 見"Caught," *New York Post*, Aug. 11, 1977, p. 1。伯克維茲謀殺六人的罪名最後判決成立，須為每項謀殺罪名分別服二十五年到終身徒刑。相關報導見 *New York Times*, June 13, 1978, A1, col. 5。

156 *Irvin v. Dowd*, 359 U.S. 394 (1959)。

157 *Sheppard v. Maxwell*, 384 U.S. 333 (1966)。

123 *Doubleday & Co. v. New York*, 335 U.S. 848 (1948)。

124 *Roth v. United States*, 354 U.S. 476 (1957)。

125 *Burstyn v. Wilson*, 343 U.S. 495 (1952)。

126 *Jacobellis v. Ohio*, 378 U.S. 184, 197 (1964)。

127 *Memoirs v. Massachusetts*, 383 U.S. 413, 418 (1966)。

128 這個檢驗標準在本案中被否決，見 *Miller v. California*, 413 U.S. 15 (1973)，布倫南提出不同意見書。

129 *Neutral Principles and Some First Amendment Problems*, 47 Indiana L.J. 1 (1971)。

130 *City of Renton v. Playtime Theatres*, 475 U.S. 41 (1986)。

131 *FCC v. Pacifica Foundation*, 438 U.S. 726 (1978)。

132 *Only Words* (Harvard University Press 1993)。

133 *American Booksellers Association v. Hudnut*, 771 F.2d 323 (1985)。

134 一九八六年司法部長任命之色情調查委員會（Commission on Pornography）結論報告。

135 *Hustler v. Falwell*, 485 U.S. 46 (1988)。

136 荷恩法官未公開發表之意見書於一九五七年十月三號遞交。見 Bill Morgan and Nancy Peters (eds.), *Howl on Trial: The Battle for Free Expression* 198 (City Lights Books 2006)，以及 Ronald Collins and David Skover, *Mania: The Madcap Stories of the Lives That Launched a Nation* (Sourcebooks Forthcoming), Part 4。

第九章

137 維吉尼亞決議案報告。

138 見 Anthony Lewis, *Un-American Activities*, review of David Cole, *Enemy Aliens: Double Standards and Constitutional Freedoms in the War on Terrorism*, New York Review of Books, Oct. 23, 2003, p. 16。

139 Hank Stuever, *The Art of Peace: Deploying Posters and Body Paint, the Anti-Warriors*, Washington Post, Jan. 20, 2003, p. C1。

105 *Barenblatt v. United States*, 360 U.S. 109 (1959)。

106 *Sweezy v. New Hampshire*, 354 U.S. 234 (1957)。

107 William M. Wiecek, *The Birth of the Modern Constitution: The United States Supreme Court*, 1941–53, vol. 12 of *The Oliver Wendell Holmes Devise History of the Supreme Court of the United States*, at 583 (Cambridge University Press 2006)。

108 *Dennis v. United States*, 341 U.S. 494 (1951)。第二巡迴上訴法院判決：183 F.2d 201 (1950)。

109 73 U.Cin.L.R. 9 (2004)。

110 Learned Hand, *The Bill of Rights: The Oliver Wendell Holmes Lectures* 59 (1958; Harvard University Press 1962)。

111 Geoffrey R. Stone, *Perilous Times: Free Speech in Wartime, from the Sedition Act of 1798 to the War on Terrorism* 395 (W.W. Norton 2004)。

112 *Yates v. United States*, 354 U.S. 298 (1957)。

113 *Scales v. United States*, 367 U.S. 203 (1961)。

114 *Brandenburg v. Ohio*, 395 U.S. 444 (1969)。

115 *Lamont v. Postmaster General*, 381 U.S. 301 (1965)。

116 一九七〇年五月一號，尼克森與五角大廈員工非正式交談時所做評語。

117 *Bond v. Floyd*, 385 U.S. 116 (1966)。

118 Work, *Darkest Before Dawn* 113。

119 同上，第 118 頁。

120 *Knauff v. Shaughnessy*, 338 U.S. 537 (1950)。

第八章

121 這段辯論的謄本見 70 *Landmark Briefs and Arguments of the Supreme Court of the United States: Constitutional Law* 828 (P. Kurland and G. Casper eds. 1975)。

122 *United States v. One Book called "Ulysses,"* 5 F.Supp. 182 (S.D.N.Y. 1933)。

83 一九九〇年九月十三號，法官詹姆斯・帕克（James A. Parker）宣判時的聲明。

84 二〇〇六年六月十一號。

85 一九七〇年二月一號。

86 *Buthelezi v. Poorter and Others* (1975), 4 So. Afr.L.R. 608。

87 Matter of Farber, 78 N.J. 259 (1978)。

88 *Richmond Newspapers v. Virginia*, 448 U.S. 555 (1980)。

89 一九七四年十一月二號於耶魯法學院所做演講，轉載於 26 Hastings L.J. 631 (1975)。

90 聯邦證據規則（Federal Rules of Evidence）第五〇一條。

91 塔特爾法官在這個案件的一份共同意見書中解釋了他的提議：*In re Grand Jury Subpoena*, 397 F.3d 964, 986 (D.C. Cir. 2005)。

92 What I Didn't Find in Africa, *New York Times*, July 6, 2003, Sect. 4, p. 9, col. 1。

93 Address, 32 Rutgers L.R. 173 (1979)。

第七章

94 見 Clemens P. Work, *Darkest Before Dawn* 240 (University of New Mexico Press, 2005)。

95 同上 , 第一〇頁。

96 出自她的自傳，Emma Goldman, *Living My Life*, vol. 2, 704 (Dover Edition 1970)。

97 *Gitlow v. New York*, 268 U.S. 652 (1925)。

98 *De Jonge v. Oregon*, 299 U.S. 353 (1937)。

99 *Herndon v. Lowry*, 301 U.S. 242 (1937)。

100 *Cantwell v. Connecticut*, 310 U.S. 296 (1940)。

101 *Korematsu v. United States*, 323 U.S. 214 (1944)。

102 *Minersville School District v. Gobitis*, 310 U.S. 586 (1940)。

103 *West Virginia Board of Education v. Barnette*, 319 U.S. 624 (1943)。

104 *Wooley v. Maynard*, 430 U.S. 705 (1977)。

63 *Annals of Law: The Hill Case*, New Yorker, Apr. 17, 1989, p. 90。

64 *The Right to Privacy*, 4 Harvard L.R. 193 (1890)。

65 *Olmstead v. United States*, 277 U.S. 438, 478 (Brandeis's dissent) (1928)。本案判決在 *Katz v. United States*, 389 U.S. 347 (1967) 被推翻。

66 *Allen v. Men's World*, 15 Media Law Reporter 1001 (1988)。

67 一九九一年七月十六號美國聯邦第九巡迴上訴法院判決，標註為不對外公告。

68 *Onassis v. Dior*, 472 NYSupp 254 (1984)。

69 *Shulman v. Group W*, 955 P.2d 469 (Cal. 1998)。

70 *Sipple v. Chronicle Pub. Co.*, 201 Cal. Reporter 665 (Ct. App. 1984)。

71 *Melvin v. Reid*, 297 Pac. 91 (Cal. App. 1931)。

72 *Cox Broadcasting v. Cohn*, 420 U.S. 469 (1975)。

73 其他涉及保密內容的案件見 *Landmark Communications v. Virginia*, 435 U.S. 29 (1978)；*Smith v. Daily Mail Publishing Co.*, 443 U.S. 97 (1979)；*Florida Star v. B.J.F.*, 491 U.S. 524 (1989)。

74 *Bartnicki v. Vopper*, 532 U.S. 514 (2001)。

75 A v. B Plc, 2 All E.R. 545。

76 Thomas Nagel, *The Shredding of Public Privacy*, Times Literary Supplement, Aug. 14, 1998, p. 15。

77 Milan Kundera, *Testaments Betrayed: An Essay in Nine Parts* (Harper Collins 1995)。

78 *A Talk with Milan Kundera*, New York Times Magazine, May 19, 1985, p. 85。

第六章

79 *Garland v. Torre*, 259 F.2d 545 (2d Cir. 1958)。

80 *Branzburg v. Hayes*, 408 U.S. 665 (1972)。

81 *New York Times v. United States*, 403 U.S. 713 (1971)。

82 *Cohen v. Cowles Media*, 501 U.S. 663 (1991)。

43 *Missouri v. Holland*, 252 U.S. 416 (1920)。

44 *Home Building and Loan Association v. Blaisdell*, 290 U.S. 398, 442–43 (1934)。

45 Cohen v. California, 403 U.S. 15 (1971)，布萊克共同發表不同意見書。

46 *Near v. Minnesota*, 283 U.S. 697 (1931)。

47 *Minnesota Rag* (Random House 1981; Vintage 1982)。

48 同上，40–42, 57–58。

49 *Grosjean v. American Press Co.*, 297 U.S. 233 (1936)。

50 *New York Times v. United States*, 403 U.S. 713 (1971)。布萊克大法官為本案撰寫之意見書見第七一七頁。

51 *New York Times Co. v. Sullivan*, 376 U.S. 254 (1964)。

52 *The Meiklejohn Lecture*, 79 Harvard L.R. 1 (1965)。

53 *The Least Dangerous Politics: The Supreme Court at the Bar of Politics* 267 (Bobbs-Merrill 1963; Yale University Press 1986)。

54 見 *Gertz v. Robert Welch Inc.*, 418 U.S. 323 (1974)。

55 一八〇七年致 J. Norvell 書信。

56 News Alert, Committee to Protect Journalists (New York), July 28, 2006。

57 見 Harry Kalven Jr., *The New York Times Case: A Note on "The Central Meaning of the First Amendment,"* 1964 Supreme Court Rev. 191, 221 n.125。

第五章

58 *Sidis v. F-R Publishing Corporation*, 113 F.2d 806 (1940)。

59 The New Yorker, Aug. 14, 1937, p. 22。

60 *Secrets: On the Ethics of Concealment and Revelation*, 250–52 (Pantheon 1983; Vintage 1984)。

61 *Time, Inc. v. Hill*, 385 U.S. 374 (1967)。

62 *The Unpublished Opinions of the Warren Court* 251, 272 (Oxford University Press 1985)。

25 一七九八年五月十三號。

第三章

26 *Patterson v. Colorado*, 205 U.S. 454 (1907)。

27 *Schenck v. United States,* 249 U.S. 47 (1919)。

28 *The Common Law* (Little, Brown 1881; Belknap Press of Harvard University Press 1963; Dover 1991)。

29 *Frohwerk v. United States*, 249 U.S. 204 (1919)。

30 *Debs v. United States*, 249 U.S. 211 (1919)。

31 *Abrams v. United States*, 250 U.S. 616 (1919)。本案完整內容與涉事人，見 Richard Polenberg, *Fighting Faiths: The Abrams Case, the Supreme Court and Free Speech* (Viking 1988)。

32 *Masses Publishing Co. v. Patten*, 244 F. 535 (S.D.N.Y. 1917)。

33 Gerald Gunther, *Learned Hand and the Origins of Modern First Amendment Doctrine: Some Fragments of History*, 27 Stanford L. Rev. 719 (1975)。

34 Zechariah Chafee, *Freedom of Speech in War Time*, 32 Harvard L.R. 932 (1919)。

35 見 David M. Rabban, *The Emergence of Modern First Amendment Doctrine*, 50 University of Chicago L. Rev. 1205, 1265–66, 1271 (1983)。

36 *Morning and Noon* 40 (Houghton Mifflin 1965)。

37 *Gitlow v. New York*, 268 U.S. 652 (1925)。

38 Charles Evans Hughes, *The Supreme Court of the United States* 68 (1928)。

39 *Whitney v. California*, 274 U.S. 357 (1927)。布蘭迪斯意見書始於第三七四頁。

40 *United States v. Schwimmer*, 279 U.S. 644 (1929)。

第四章

41 *Stromberg v. California*, 283 U.S. 359 (1931)。

42 *Texas v. Johnson*, 491 U.S. 397 (1989)。

in Massachusetts: A Reflection of Popular Sentiment or an Expression of Constitutional Law? Boston Bar J. , March-April 1992 at 8, 10（沃克的名有多種拼寫法）。

12 一七八八年十月十七號。

13 一七八九年三月十五號。

第二章

14 James Morton Smith, *Freedom's Fetters* 96 (Cornell University Press 1956)。

15 James Morton Smith, *Freedom's Fetters: The Alien and Sedition Laws and American Civil Liberties* (Cornell University Press 1956), 自 p. 226 起。

16 同上，自 p. 334 起。

17 同上，pp. 113–14。

18 同上，pp. 122–23，另見 Leonard W. Levy, *Emergence of a Free Press 302–3* (Oxford University Press 1985)。

19 Levy, *Emergence of a Free Press* 301–2, 310。

20 決議案中與內文相關的是 4 *Elliot's Debates on the Federal Constitution 553–54* (Jonathan Elliot ed.) (Lippincott 1836)。

21 4 *Elliot's Debates* 546–80。

22 Albert J. Beveridge 的 *Life of John Marshall*, pp. 401–6 (1919) 認為起草人應是約翰・馬歇爾，不過 3 *The Papers of John Marshall* 499 (William C. Stinchcombe and Charles T. Cullen eds.) (1979) 的一個編者按提出很有說服力的反對論證。12 *The Papers of John Marshall* 512–524 (Charles F. Hobson ed.) (2006) 的一個長註釋總結道：亨利・李是該聲明作者，而馬歇爾其實曾讓外界知道他要是眾議員會反對通過《反煽動叛亂法》。

23 1 *The Adams-Jefferson Letters: The Complete Correspondence Between Thomas Jefferson and Abigail and John Adams* 274–76 (Lester Capon ed.) (University of North Carolina Press 1959)。

24 Richard Hofstadter, Harper's, November 1964, p. 77。

註釋

本書註釋使用法律文獻引用格式，所以「*United States v. Schwimmer*, 279 U.S. 644, 654–55 (1929)」表示最高法院在一九二九年做出本案判決，意見書可見於美國聯邦最高法院判例報告第二七九冊第六四四頁起，而本書引用的特定段落出現在其中的第六五四—五五頁。

序章

一九〇七年，於紐約州艾邁拉（Elmira）演講。

2　一九九八年六月七號，希伯來大學榮譽博士學位頒獎典禮演講。

3　*Lingens v. Austria*, 8 E.H.H.R. 407, 409, 418–19 (1986)。

4　*United States v. Schwimmer*, 279 U.S. 644, 654–55 (1929)。

5　二〇〇六年二月十號，開普敦大學。

6　見 New York Times, Mar. 10, 2007, p. 10, col. 1。

第一章

7　見 Frederick Seaton Siebert, *Freedom of the Press in England, 1476–1776: The Rise and Decline of Government Controls* 48 (University of Illinois Press, 1952)。

8　John Milton, "Areopagitica: A Speech for the Liberty of Unlicensed Printing to the Parliament of England,"para. 8。

9　Sir William Blackstone, *Commentaries on the Laws of England*, Bk. 4, Chap. 2, pp. 151–52 (1765–1769)。

10　*Legacy of Suppression* (Belknap Press of Harvard University Press 1960); *Emergence of a Free Press* 271 (Oxford University Press 1985)。

11　見 Peter W. Agnes Jr., *The Quork Walker Cases and the Abolition of Slavery*

索引

美國學 07

異見的自由：

美國憲法第一修正案與言論自由的保障

Freedom for the Thought That We Hate: A Biography of the First Amendment

---

作　　著　安東尼・路易斯（Anthony Lewis）
譯　　者　林凱雄
審　　定　林子儀

編　　輯　王家軒
助理編輯　柯雅云
校　　對　陳佩伶
企　　劃　蔡慧華
總 編 輯　富　察

社　　長　郭重興
發行人暨出版總監　曾大福
出　　版　八旗文化／遠足文化事業股份有限公司
發　　行　遠足文化事業股份有限公司
231 新北市新店區民權路 108 之 2 號 9 樓
電話　02-22181417
傳真　02-86671065
客服專線　0800-221029
信箱　gusa0601@gmail.com
Facebook　facebook.com/gusapublishing
Blog　gusapublishing.blogspot.com
法律顧問　華洋法律事務所 蘇文生律師

封面設計　李東記
印　　刷　前進彩藝有限公司

初版一刷　2020 年 10 月
定　　價　450 元

國家圖書館出版品預行編目 (CIP) 資料

異見的自由：美國憲法增修條文第一條與言論自由的保障 / 安東尼 . 路易斯 (Anthony Lewis) 著 ; 林凱雄譯 . -- 一版 . -- 新北市 : 八旗文化出版 : 遠足文化發行 , 2020.10
面；　公分 . -- (美國學 ; 7)
譯自 : Freedom for the thought that we hate : a biography of the First Amendment
ISBN 978-986-5524-18-0(平裝)

1. 憲法　2. 言論自由　3. 美國

581.52　　109009584